Bernardo Neustadt

PROHIBIDO
NO PENSAR

GRITO

SAGRADO
[EDITORIAL]

Neustadt, Bernardo
    Prohibido no pensar / Bernardo Neustadt;
    con colaboración de: Adriana Díaz Pavicich
    1a ed. - Buenos Aires: Grito Sagrado Editorial
    de Fundación de Diseño Estratégico, 2005.
    270 p. ; 21x15 cm.

    ISBN 987-20951-7-5

    1. Periodismo I. Díaz Pavicich, Adriana, colab. II. Título
    CDD 070

© *2005 – 1ra. Edición*
Textos y selección de entrevistas:
Bernardo Neustadt

Editorial Responsable:
Grito Sagrado

GRITO
SAGRADO
[EDITORIAL]

Dirección Editorial:
Ecuación

ISBN:
987 20951-7-5

Hecho el depósito que marca la ley N° 11.723
Todos los derechos reservados

Impreso en la República Argentina

A Adriana,
quien desde su bondad y
su amor hizo posible
este libro.

ÍNDICE

PRÓLOGO, *por Marcos Aguinis*

Los diálogos siempre gotean la miel de un aprendizaje. Cuando se realizan con la mente alerta y el corazón abierto, esa miel puede llegar a convertirse en ambrosía.

Sin embargo, no es fácil dialogar. Aunque dos personas aparenten conversar en forma animada, a menudo no se trata de un diálogo, sino de monólogos con pausas. Ninguno de los participantes se interesa demasiado en lo que siente o piensa el otro, sino en expresar lo suyo. Esto se percibe muy bien en los mass media. Por eso gran cantidad de programas generan expectativas, pero dejan frustración: los interlocutores no se enriquecen con los aportes del otro, y tampoco quien los escucha desde afuera. En vez de diálogo hay combate, espectáculo, fuegos de artificio, ruido.

Sólo cuando el intercambio de ideas se realiza con las ganas de trenzar visiones, angustias, esperanzas, conocimientos y experiencias diferentes; el diálogo empieza a gotear su miel.

Bernardo Neustadt, a lo largo de su vida periodística, ha logrado obtener una presencia que generó repudio y aprobación, envidia y odio, admiración y encono. Es posible que estos sentimientos fuertes provengan en gran medida de la frecuente ausencia de frenos que caracteriza su estilo. Casi nunca se mostró neutral o distante de las vicisitudes que desgarraron a nuestro país. Expresó sus opiniones sin demasiados filtros. Las contradicciones de las tendencias fueron en gran parte también sus contradicciones. Y eso se paga. No actuó con la prudencia de muchos colegas que se limitaron a retrasmitir noticias, o coordinar debates en los que no se involucraban. Y de esa forma consiguieron navegar por las aguas embravecidas de nuestro medio siglo sin que se les pidiera rendición de cuentas.

Ahora Neustadt nos ofrece una colección de diálogos con personalidades de diversos campos. En todos ellos no sólo deja hablar y escucha atento a los entrevistados, sino que los espolea con preguntas acuciantes. Pero no sólo interroga, sino que expresa sus puntos de vista. Teje las palabras del otro con el hilo de las propias. A menudo hay coincidencias, a menudo hay cordial discrepancia también. Pero a lo largo de la conversación se instalan conceptos. Las palabras que leemos son iluminadas por un faro que la destaca en su acierto o su endeblez. Si al finalizar una de las entrevistas tenemos deseos de cerrar los ojos y evocar ciertos párrafos, podemos estar contentos: hemos tenido el privilegio de haber sido enriquecidos por un diálogo de verdad.

I- SOBRE LA POLÍTICA

Suele decirse que los reyes tienen las manos largas;
yo quisiera que tuvieran igualmente largas las orejas.
Jonathan Swift

BERNARDO NEUSTADT DIALOGA CON
JOSÉ MARÍA AZNAR* (1994)

BN: - Es joven, pronto será jefe de Estado de España, un país al que amamos, admiramos, soñamos. Me refiero al doctor José María Aznar, a quien le contaba que yo entrevisté a Franco, casi ya al final de su carrera... En esa oportunidad le pregunté: *"¿y el futuro Generalísimo?"*. Y él me contestó: *"Bueno, cuando salga de acá, si usted lo ve al futuro dígale que no venga"*. Hoy el futuro es Aznar... ¿Por qué se derrumba tan estrepitosamente Felipe González? ¿No hizo nada bueno?

JMA: - Nunca se hacen todas las cosas mal... Sería una exageración. Siempre, en toda obra de gobierno, hay cosas positivas y cosas negativas. Hay unos versos del Martín Fierro que dicen que no hay tiempo que no se acabe ni tiento que no se corte. Pues yo creo que o el tiempo se ha acabado o el tiento se ha cortado, o las dos cosas. Pero la era socialista en España ya ha pasado. Yo creo que España mayoritariamente quiere ideas nuevas, gente nueva, generaciones nuevas, políticas nuevas, que sean capaces de preparar a nuestro país para el siglo XXI. Creo que eso es lo importante, lo que en este momento nos debe ocupar.

BN: - Su abuelo fue embajador en la Argentina en el '52.

JMA: - Efectivamente.

* *José María Aznar, ex presidente de España. Pertenece al Partido Popular.*

BN: - Y periodista, ¿no?

JMA: - Sí.

BN: - ¡Qué peligro!

JMA: - Peligrosísimo.

BN: - ¿En España el periodismo tiene más fuerza que el poder?

BN: - El periodismo en este momento, es uno de los poderes máximos que hay. He dicho en algunas de mis intervenciones, que si hoy Montesquieu tuviese que hacer nuevamente su teoría de la separación de poderes tendría que añadir al legislativo, ejecutivo y judicial, el poder informativo que forma parte de uno de los poderes esenciales de una sociedad moderna. Hay mucho riesgo en los poderes informativos y esto ocasiona mucho riesgo en todas las sociedades. Cuando los periodistas quieren ser jueces, cuando los gobernantes se someten al poder de los periodistas, cuando los papeles que se desempeñan en la sociedad no se ajustan a la realidad; pues, las sociedades se trastocan. Estamos viviendo fenómenos incluso curiosos de lo que no se llama democracia sino que se llama telecracia, es uno de los riesgos de la democracia moderna. ¿Hasta dónde puede llegar el poder de los medios de comunicación, y especialmente la televisión? No es que le diga, querido Bernardo Neustadt, que es usted un riesgo, lo que yo quiero decir es que nos tenemos que tomar esta cosa en serio porque es muy importante.

BN: - Lo admito. Creo que todo poder máximo es peligroso.

JMA: - Todo poder que no esté sujeto a limitaciones, reglas o controles, es muy peligroso. En general no nos podemos olvidar, como decían los clásicos americanos, que la democracia no consiste en la organización de la confianza sino en la organización de la desconfianza. Hay democracia y separación de poderes porque se desconfía del que tiene el poder, en este caso también hay que desconfiar de quien ejerce el poder periodístico, el poder de la prensa, desde un punto de vista democrático. Debemos saber quién está detrás de los medios de comunicación, saber que están sujetos a límites, saber que están sujetos a responsabilidades éticas y legales, exigir profesionalidad, en fin, eso en algunas partes funciona mejor que en otras.

BN: - Sabiendo que ya está encaminado hacia el poder máximo de España, quisiera preguntarle: ¿usted tiene el cómo para la desocupación, para el malhumor en que viven los españoles?

JMA: - Me gustaría. Tengo una idea de España en la cabeza. Charles De Gaulle empezó sus obras diciendo: *"Tengo una idea de Francia"*. Lo peor que puede tener un gobernante es no saber qué quiere hacer con un país. Yo puedo aceptar el equivocarse, pero creo que hay que tener una idea clara de España. En este momento yo creo que España necesita un fuerte proyecto de recuperación, de regeneración nacional. Si me pregunta sobre qué ideas básicas, yo se las digo: necesitamos recuperar fortaleza nacional, nuestra propia concepción nacional, nuestra idea de España, fortalecer nuestro Estado. Eso es muy importante para nosotros, para hacerlo más eficaz, más racional, incluso más barato. Pero para tener nuestra propia seña nacional y nuestra propia identidad española bien fuerte, necesitamos combatir muy duramente la corrupción, con el arma de la voluntad política desde el gobierno, y eso significa que los gobernantes tengan autoridad moral y que la responsabilidad individual y social sea algo en vigor en la sociedad. Una sociedad puede ir por un camino acertado o equivocado, pero lo que no puede es vivir sin reglas. En tercer lugar, necesitamos despejar los horizontes políticos del país para conseguir una fuerte recuperación económica en España para crecer, para superar el problema del desempleo, para garantizar mejor los derechos básicos de los españoles. Por último, necesitamos mejorar nuestras instituciones, y que la sociedad sea más vital, que tenga más iniciativa. Yo creo que el futuro de las sociedades modernas es que los Estados se reduzcan, que la intervención se reduzca... Y que la iniciativa social, la autonomía social, los grupos, los ciudadanos, tengan más capacidad de iniciativa, de devolverle personalidad y capacidad a la sociedad.

BN: - Me da la sensación, doctor Aznar, que ustedes necesitan más sociedad que Estado. Tienen demasiado Estado y, Felipe González, en ese sentido, no tocó nada.

JMA: - En los últimos doce años en España la deuda pública se ha multiplicado por ocho. Cuando salió el doctor Suárez del gobierno, teníamos cinco billones de deuda y ahora tenemos cuarenta billones, era un 20% de nuestro producto, de nuestra riqueza nacional y en este momento estamos en un 64% de nuestra riqueza nacional. El socialismo siempre gasta mucho, pide muchos impuestos, deja mucho déficit y se endeuda mucho. Yo creo que al final no es una política buena. Yo sé muy bien que si tengo que llegar al gobierno, tengo que tener una política de saneamiento importante en el país. Con esto quiero decir que no se vive ninguna situación anormal ni especial, sino que se vive una situación en la que la alternancia política de España va a requerir un especial esfuerzo. Lo han requerido también los franceses cuando sucedieron a los socialistas en el gobierno, porque ése es uno de los signos de los gobiernos socialistas: muchos impuestos, poca eficacia y mucho gasto.

BN: - Usted está en Madrid, o está de gira, y toma un diario que dice: *"En la Argentina pusieron una bomba en la Embajada de Israel y volaron sueños"*. Y otro día, en otra institución, la AMIA, *"volaron sueños"*, cien personas muertas. ¿Qué piensa?... ¿Cuál es la culpa que tenemos?

JMA: - Siempre he dicho que todos los terroristas son iguales. Con el terrorismo no se pueden establecer diferencias. Puede haber gente que establezca matices de aquí o matices de allí, pero con el terrorismo no se puede hacer diferencias y la cooperación internacional en materia de lucha contra el terrorismo tiene que ser absolutamente implacable. Cuando se produjo el atentado en Buenos Aires, lo primero que he hecho fue escribirle al presidente Menem manifestando mi solidaridad y poniéndome a disposición para lo que hubiese que

Bernardo Neustadt

hacer en el intento de descubrir quiénes son los culpables. Pero no puede haber discusiones ni puede haber discriminaciones en el hacer con los terroristas.

BN: - Ahora pienso en España, una sociedad organizada, democrática, abierta, donde todas las semanas estalla una bomba. ¿Qué es lo que no pueden conseguir? ¿No hacen inteligencia?- ¿Es un país inseguro?

JMA: - No, no...

BN: - ¿Por qué pasa esto?

JMA: - El terrorismo no es fácil de combatir. Lo que hace falta es que no se pierda la regla esencial. A veces en las sociedades modernas se pierden las reglas esenciales. Los gobiernos tienen que ser responsables, las leyes tiene que cumplirse y los terroristas, los delincuentes o los asesinos deben estar en su lugar lógico, que es la prisión. La justicia tiene que funcionar razonablemente. No es fácil, hace falta una fuerte unión, una importante unidad entre los partidos políticos, entre las fuerzas políticas, y una fuerte eficacia en los mecanismos de seguridad del Estado y en las fuerzas policiales.

BN: - ¿Le podríamos agregar autoridad?

JMA: - ¡Autoridad también! Si no se tiene autoridad moral es muy difícil tener autoridad política.

BN: - Ahí está el tema. A mí me enseñó un viejo maestro que los hechos son sagrados y que las opiniones son libres.

JMA: - Así es...

BN: - Es decir, cuando usted dice la corrupción, ¿es una denuncia o es un hecho? ¿Se prueba? ¿Hay jueces en España?

JMA: - Sí. Los hay. Una cosa distinta es que a mí me gustaría que la justicia española fuese más rápida de lo que es... Pero, obviamente hay jueces en España, y los asuntos de corrupción pueden tratarse por vía judicial en nuestro país. Pero yo insistiría en el tema de la corrupción. Si hay corrupción, la voluntad política del gobierno debe ser extirpar la corrupción, sino el riesgo que se corre es que la corrupción forme parte del sistema, y cuando la corrupción forma parte del sistema ya se daña mucho al país. Tenemos ejemplos recientes de sociedades europeas cuyos regímenes, cuyos sistemas políticos se han derrumbado a cuenta de la corrupción. Por eso, en cuanto la corrupción empieza a asomar hay que ser implacable contra ella. Un gobernante que no es implacable contra la corrupción no merece gobernar un país.

BN: - ¿Me puede repetir esa última frase?

JMA: - Un gobernante que no es capaz de combatir la corrupción no merece ser gobernante de un país.

BN: - ¿Felipe González no la combate?

JMA: - Yo creo que Felipe González no tiene voluntad política suficiente para combatir la corrupción, no lo ha demostrado.

BN: - La corrupción: ¿está en el poder?, ¿en el Estado? ¿Dónde está la corrupción en España?

JMA: - Creo que está en demasiados sitios. Es uno de nuestros problemas, pero es uno de los problemas que podemos vencer claramente.

BN: - Cuando dice en muchos sitios, ¿está en la clase política y en el empresariado?

JMA: - La clase política y el empresariado no han caído de Marte en cualquier momento, son un reflejo de la sociedad. Cuando la sociedad se fortalezca éticamente, moralmente, y cuando la sociedad vuelva a recuperar las reglas... Por ejemplo, la sociedad norteamericana o la sociedad británica, tienen reglas discutibles, que a lo mejor no serían exportables a la sociedad argentina o a la sociedad española. Serán justas o injustas, pero funcionan. El problema está, como yo le decía antes, cuando no hay reglas, porque puede pasar cualquier cosa. En ese momento el país se desorienta y hay que volver al restablecimiento de una serie de reglas, importantes o elementales, pero que hacen que la sociedad sea más segura.

BN: - Le voy a contar algo: una vez me encontré con la señora Margaret Thatcher a punto de gobernar Inglaterra y le pregunté: *"¿Qué es lo que hay que hacer?"* Ella me miró y me dijo: *"Lo que hay que hacer"*. Yo creo que usted está en lo mismo, ¿no?

JMA: - Lo que hay que hacer, evidentemente. Nosotros tenemos en este momento en España un respaldo de jóvenes impresionante.

BN: - Eso le iba a preguntar...

JMA: - En general los jóvenes españoles, universitarios o no universitarios, están con nosotros. Un día me preguntaron: *"¿Usted se define como liberal?"* Y yo dije: *"Sí"*. *"¿Y en qué consiste ser liberal?"* Y dije: *"Lo primero que debe hacer un liberal es cumplir la ley"*. Esa es la idea de la señora Thatcher. Cumplir la ley significa aplicar lo que hay que hacer en la responsabilidad máxima de un gobierno. Ése es un principio de sociedad con reglas, una sociedad sana y que es capaz de salir adelante.

BN: - Al asumir el Gobierno, ¿con cuántos desocupados se encontrará?

JMA: - ¡Ay!... En este momento la cifra oficial de desempleo en España está en torno al 20%... Es una cifra realmente importante. Es un problema de los más graves que tiene España, y uno de los problemas más graves que tiene Europa en este momento. Aunque las circunstancias económicas afortunadamente están mejorando en España, el nivel de desempleo es muy alto. Intentar resolver ese problema supone muchas reformas en la economía española y, sobre todo, supone darse cuenta de que las economías ya no vienen solas. La economía hoy es mundial, depende de muchos factores. Los países tienen que tener economías muy competitivas, sistemas de producción muy flexibles, que el mercado laboral no sea rígido y que sus posibilidades de comercio se utilicen al máximo. Con eso, si es capaz de fomentar la actividad, se puede crear empleo.

BN: - ¿Usted quiere una economía abierta?

JMA: - Absolutamente. Creo que el proteccionismo llevaría a males; a más que males. Al paro no se le gana con el proteccionismo, se le gana con la reforma de las economías, que no es lo mismo.

BN: - Acá todavía hay parte de la economía protegida..., está como esos *"niños"* que tienen 25 años y los padres los protegen y los sacan débiles.

JMA: - Claro, claro.

BN: - Hay un tema..., ¿qué edad tiene usted ahora?

JMA: - ¿Yo? desgraciadamente ya he cumplido los 41...

BN: - ¿Usted necesita que le preste algo?

JMA: - ¿Cómo?

BN: - Si usted necesita que yo le preste alguno.

JMA: - No, muchas gracias.

BN: - Pero sin intereses, ¿eh? Quiero decir, usted tenía 29 años cuando llegó Felipe González al poder, ¿no?

JMA: - Así es, tenía 29 años. Fue la primera vez que fui elegido diputado... Con 29 años entré al Congreso de los Diputados...

BN: - ¿No pensó en aquel momento que iba hoy a disputar la primacía de España con Felipe González?

JMA: - Lo voy a contar en un libro que aparecerá este otoño en España. Ahí cuento que sobre trescientos escaños observé que los socialistas ocupaban doscientos, y me dije: *"Esto no puede ser, esto hay que cambiarlo"*. Entonces ahí empieza mi trabajo político y mis reflexiones políticas que luego procuro desarrollar siendo presidente de una comunidad autónoma o región, la región de Castilla, y ahora como presidente del partido.

BN: - ¿Sabe administrar, entonces?

JMA: - Yo conozco la administración porque he sido funcionario, por lo tanto la conozco por abajo, y la conozco por arriba, porque he dirigido en una administración importante... La conozco muy bien. Conozco muy bien qué es ser funcionario y la administración del Estado.

BN: - Usted sabe que son muchos los españoles que residen en la Argentina, ¿no?

JMA: - Sí.

BN: - ¿Por qué no les dice a los residentes españoles qué piensa hacer?

JMA: - Los españoles de aquí, de la Argentina, saben muy bien lo que nosotros pretendemos. Pero yo creo que hoy los españoles en la Argentina participan de la esperanza de los millones de españoles que en España ya nos han dicho: *"Merece la pena confiar en lo que dice Aznar, merece la pena confiar en el Partido Popular, merece la pena abrir una oportunidad al futuro de España"*.

BN: - ¿Los obreros creen en usted en España?

JMA: - Sí.

BN: - ¿Los estudiantes creen en usted?

JMA: - Sí.

BN: - Muchas gracias, señor Aznar.

JMA: - A usted.

•　•　•

¿Cuál es el mejor gobierno?
El que nos enseña a gobernarnos
a nosotros mismos.
Johann Wolfang von Goethe

BERNARDO NEUSTADT DIALOGA CON EL DOCTOR JULIO MARÍA SANGUINETTI* EL 31 DE AGOSTO DE 2004

BN: - Dos veces ha presidido la República Oriental del Uruguay. Me refiero a Don Julio María Sanguinetti, que nació en Montevideo un 6 de enero de 1936... Es una de las figuras señeras del Partido Colorado. Es abogado y fue periodista, parlamentario, ministro. Está casado con una mujer insuperable. Tiene dos hijos. Es un intelectual de nota. Entre sus pasiones se encuentra el arte. ¿Sabe a lo que se ha dedicado? A una biografía del notable pintor oriental Pedro Figari. Buenos días, doctor, ¿cómo le va?

JS: - Usted siempre con sus generosas presentaciones.

BN: - ¿Es cierto eso que usted nació en Montevideo el 6 de enero?

JS: - Es como usted dice: el 6 de enero, día de los Reyes.

BN: - ¿Miembro del partido Colorado y presidente del Uruguay dos veces?

JS: - Sí.

BN: - ¿Está casado con una mujer inigualable?

JS: - Por ahí va bien.

* *Julio María Sanguinetti, ex presidente de la República Oriental del Uruguay*

BN: - Entonces, ¿en qué exageré? (Risas). Me encanta reflexionar con usted sobre el mundo. Voy a hablar primero de una cosa que está cerca de la vida de ustedes, que es tal vez cambiar de hombres que lleguen al poder en el Uruguay. Eso ustedes lo hacen, yo diría siempre, sin descompensaciones cardíacas.

JS: - En general ha sido en los últimos tiempos. En Uruguay, en estos días, se desató una pequeña polémica, un poco anacrónica si se quiere, porque no se habla de la verdadera historia, y desde 1904 el país vivió yo diría una vigorosa democracia, que tuvo también su eclipse en el año 1973 con el golpe de estado militar. Había habido antes una irrupción institucional en el ´33 pero fue digamos civil, no militar, por un conflicto político. En el ´73 sí, se cayó en una situación militar, luego de un proceso por el cual había aparecido la violencia política, la guerrilla básicamente, que es la única en el siglo. Realmente eso fue muy traumático en su momento. Pero en realidad perdimos la estabilidad política porque primero habíamos perdido la tolerancia... Ese es el punto. La irrupción de la guerrilla en aquel momento nos hizo diluir lo que era el clima histórico del Uruguay de tolerancia y de convivencia que felizmente se recupera a partir de 1985. Y en eso estamos.

BN: - Usted sostiene que hay un debate irresuelto en América latina, que eso nos ha llevado a hablar de cosas así como izquierda, derecha... Tiene mucho de religioso, fomenta la aparición de populismos de izquierda y derecha como ya no se discuten en el mundo, como consecuencia de falsas ilusiones previas. ¿Me lo puede explicar?

JS: - Es verdad. Mire, cuando vino Fernando Savater a Buenos Aires, hace unos meses, había acabado de producirse la elección en España, y había ganado el Partido Socialista frente al Partido Popular. Entonces le preguntaron cómo estaba España y él dijo: "*Mire, acaba de instalarse el nuevo Parlamento, hubo ocho horas de debate, y nadie habló de economía. Eso le dice todo*". ¿Qué quería decir?, que hay cosas que ya no se discuten del rumbo económico, o sea, los niveles de inserción internacional, la apertura de la economía, la racionalidad presupuestaria... En España, ya no es debate, se fue Felipe González un día, vino Aznar, se fue Aznar otro día, vino Zapatero, y todo eso no mereció un minuto de debate en el Parlamento Español. Desgracia-damente acá estamos todos los días con ese tipo de debate. Y eso no es sólo el hecho de tener economías con menos vigor y sociedades con menos desarrollo, sino que al revés: nos cuesta entender el mundo, entender la necesidad de insertarnos en este mundo globalizado, nos cuesta entender que los países crecen a través de una dinámica exportadora fuerte, especialmente los países subdesarrollados, nos cuesta entender que la racionalidad económica es un valor por sí misma. Entonces, ahí aparecen esas tendencias populistas que por efectos mágicos le prometen a la gente resultados producto de la imaginación y no de la realidad. Y después viene la desilusión, y estas situaciones de inestabilidad que tanto nos han perjudicado. Ese es el tema. Seguimos discutiendo el rol del Estado, el rol de la actividad privada en un mundo en el cual toda la gente tiene en claro que el mercado es el que dinamiza la economía y que el Estado tiene un rol regulador para que ese mercado sea transparente, para que la competencia efectivamente actúe, para que no haya distorsiones. Entonces en América latina continuamos discutiendo esas cosas, buscando además siempre chivos emisarios. Y así, cuando no son los Estados Unidos, es el Fondo Monetario, y sino otro, y nosotros nunca tenemos responsabilidad en nada aparentemente. Y esa es todavía la inmadurez que tiene nuestro hemisferio.

BN: - Presidente, ¿no habrá sido porque los hombres de la política, los intelectuales, los periodistas, se habrán encargado de decir: *"Miren, ustedes que son el pueblo, el mundo va en esta dirección?"* ¿No habrá faltado educación política?

JS: - No hay duda que ha faltado. Las consecuencias son precisamente insolvencias de la educación. Acá importa hacer un pequeño señalamiento: la educación cívica no es paralela a lo que llamaríamos una educación humanística o general, basta pensar en Europa y basta pensar en los intelectuales. Pensemos en Europa que en el siglo XX, pese a su gigantesco desarrollo científico y humanístico, engendró nada menos que el fascismo, el comunismo, el nazismo, todas las corrientes más contrarias a la libertad de la gente. O sea que no hay un paralelismo exacto. La madurez cívica es otro tipo de cultura u otra variante de la cultura. En segundo lugar, los intelectuales, que en su mayoría han estado más adheridos a concepciones autoritarias que a concepciones pluralistas. Esa es la verdad. Pensemos en todos esos grandes intelectuales que marcaron el siglo XX estuvieron más bien del lado de concepciones autoritarias que del otro lado. Verá usted lo que ha costado incluso en Europa. Que se entienda después de 50 años que lo de Fidel Castro es una dictadura. Pero que eso es una dictadura totalitaria, parecería que nadie razonablemente lo puede discutir. Sin embargo, veamos lo que le ha costado a la intelectualidad europea y desde ya a la latinoamericana. Eso nos está diciendo entonces que el fenómeno de la educación cívica es un fenómeno popular, no siempre fácil de alcanzar, es el resultado del trabajo de muchos años y a veces de la pedagogía trágica de los hechos. Europa adquirió la sensatez a partir de los desastres que ella misma provocó.

BN: - Me hago una pregunta eterna: ¿a qué sector de la vida de cada país de América latina le conviene la pobreza que hay en estos países, la falta de futuro que se tiene y que los jóvenes se vayan al exterior? ¿A quién le conviene, cuando llega al poder, que a su país le vaya mal?, ¿es al señor que está en el poder, es al señor empresario ávido de ganancias sin medidas, es al señor sindical o al populismo, planes trabajar sin trabajar?

JS: - Yo creo que no le conviene a nadie.

BN: - ¿Y por qué se produce?

JS: - Usted piense que el que opera con la demagogia, piensa que a corto plazo le conviene a él, pero a mediano plazo no le conviene a nadie. Esa es la realidad.

BN: - Pero lo consiguen, doctor. Es un éxito.

JS: - A veces sí, a veces no. Yo le diría que en América latina hemos tenido buenas experiencias, no todas han sido malas. Le diría por ejemplo que del año 1985 al 2000, después de la restauración democrática, el Uruguay creció y bien. Mejoró la actividad económica, creció el producto y mejoró la distribución del ingreso y disminuyó la pobreza sustancialmente. Es decir que fueron años buenos. Desgraciadamente, luego vino este estancamiento regional. Después la crisis del 2002 en la Argentina que a nosotros nos arrastró y hemos vivido lo que hemos vivido. Pero lo que nadie puede negar es que en esos 15 años con tres gobiernos democráticos Uruguay venía muy bien encaminado y en muy buen rumbo. Caso chileno igual. Creo que en los últimos años Chile ha ido mostrando también una capacidad para adaptar su economía y sociedad a las exigencias de un mundo contemporáneo.

BN: - Pero Chile, y perdón que lo interrumpa, cuenta con presidentes de extracción socialista seria, bien formada como Lagos u otros.

JS: - Creo que ahí ha estado la sabiduría de los políticos chilenos posteriores. Es decir que se mantuvo la base de una economía que venía dinámica y luego le introdujeron progresivamente factores de inclusión social que han ido dando resultados en la medida en que ha habido financiación. Ese es el gran punto, porque el que promete desarrollo social y grandes facilidades a la gente sin una economía dinámica está mintiendo. Todos sabemos que eso sólo se puede financiar en la medida en que el crecimiento sea auténtico. Ahora el crecimiento no basta, eso ya lo sabemos. Un país puede crecer y no mejorar la vida de la gente si no distribuye bien, pero lo que está claro es que no hay modo de distribuir la riqueza que no existe.

BN: - ¿Me lo repite, por favor?

JS: - Es así. Son cosas tan elementales pero que nos cuesta asumirlas en todas sus consecuencias. Y ese es nuestro debate con el Frente Amplio, que propone de distribuir lo que todavía no existe y a su vez de generar condiciones en virtud de las cuales el país no va a crecer por su hostilidad a la inversión. Ese es el tema: ¿cómo hacemos para distribuir socialmente sin crecimiento económico? Y, ¿cómo hacemos para crecer económicamente sin inversión nacional o extranjera? Todo lo demás es literatura hueca.

BN: - Los pueblos se salvan siempre ¿sabe?

JS: - El ciudadano es responsable. No se trata de reprocharle nada a nadie, pero se trata de entender que está dependiendo de nuestro voto. Porque si vamos a votar al primero que pasa y que nos promete que va a subir los sueldos y bajar los impuestos a la tarde, nada bueno se puede hacer. Después hablamos de la desilusión democrática, y de la desilusión de la política y el desencanto pero, ¿cuál fue la ilusión en virtud de la cual viene después la desilusión?

BN: - Perdón, una pregunta insolente: ¿por qué no se presentó en las próximas elecciones?

JS: - Justamente porque creo que los dirigentes no tenemos que reiterarnos más allá de lo normal y razonable. Yo fui presidente 2 veces con un período en el medio, porque en Uruguay no hay reelección directa felizmente. Ya cuando salí de la segunda presidencia estimé que no debía presentarme. Traté de ambientar la aparición de otras figuras en el partido, cosa que hice. Y hoy estoy envuelto en la lucha cívica, como candidato al Parlamento, candidato al Senado...

BN: - Usted lo que prefiere es, digamos que su experiencia, su conocimiento del mundo se guarde en el archivo de las cosas olvidadas...

JS: - No. Al revés. Lo que pasa es que la vida política no es ser presidente o nada.

BN: - Muy bueno eso. ¡Qué grande es usted!

JS: - Es así. Lo primero es el debate de ideas como el que estamos haciendo en este momento. Para mí lo primero en política es que una sociedad, en cierto momento, pueda entender el mundo en que vive, pueda encarnarlo, representarlo y triunfar dentro de él. Es decir, no nos gustan las reglas del fútbol y queremos ser ganadores en ese mismo deporte sin aceptar sus reglas. Ese es el punto.

BN: - ¿El hombre o la mujer uruguaya votan según su humor o tienen una sensación cívica muy formada?

JS: - Yo le diría que, como todos los pueblos, tiene sus momentos de sabiduría y sus momentos de error. Estos últimos años ha tenido una muy mala consejera que es el enojo, producto de una crisis muy brusca. No es un país acostumbrado a las grandes crisis, por suerte... Pero también, por desgracia, y como consecuencia, lo que vivió en el año 2002 significó una perturbación demasiado profunda, demasiado grande; las crisis bancarias golpearon directamente a la clase media, y eso ha generado una situación de disgusto que naturalmente ha beneficiado a la oposición.

BN: - ¡Pero se arroja en los brazos del otro!

JS: - Ese es a veces el error. Le diría más, aún no ha ocurrido que la oposición, en este caso el Frente Amplio, cuente hoy con un 60% o algo similar. Es que no termina de generar la confianza suficiente; entonces, todavía es una elección indefinida.

BN: - ¿Ustedes tienen deuda externa?

JS: - Sí, y creció mucho a raíz de la crisis. Para superar la crisis económica se obtuvo un gran apoyo financiero internacional, que fue el que nos permitió salir.

BN: - ¿Y por qué se lo dieron a Uruguay? ¿Qué son ustedes?

JS: - En función de su historia, Uruguay siempre pagó, siempre arregló, siempre cumplió con sus acreedores y ese es un gran factor de crédito que tiene el país y que ahora se puso en juego en un momento de crisis y funcionó bien. Hoy, a su vez, se regenera ese reconocimiento en virtud de que se ve que se está cumpliendo. Yo también confío en que la Argentina logre un acuerdo con sus acreedores privados.

BN: - Una consulta curiosa que tengo. En un trabajo publicado en los Estados Unidos se prueba que las medallas y el PBI van de la mano, en las Olimpíadas. Catorce de los 20 países que ganaron más medallas en los juegos Olímpicos pertenecen a las economías más grandes del mundo. ¿Qué le parece?

JS: - Eso en definitiva es natural. Es un tema además de tamaño. No es sólo de calidad. Vamos a ver cómo son las cosas desde ese punto de vista: por qué en Suecia o Suiza, que deben ser los dos países con mayor ingreso per cápita del Mundo, no predominan en las medallas, y eso lo implica en su propia demografía ¿no?, frente a los 1200 millones de chinos.

BN: - Bueno, pero está Cuba.

JS: - Porque los gobiernos comunistas históricamente, han realizado una labor de Estado deliberadamente dirigida a producir atletas. Es parte de su estructura de dominación. Usted vio que la Unión Soviética antes competía casi en igualdad con los Estados Unidos y hoy no. Porque el Estado no lo pone como una inversión prioritaria como era entonces cuando era parte de un modo de encuadrar a la juventud y era parte de un modo de exaltar el nacionalismo o el orgullo nacional. Y eso lo han hecho. Cuba lo ha hecho, antes lo hacía la Unión Soviética, Rumania, Polonia, y otros. Entonces yo no creo que sea tan fácil considerar esos paralelismos que se hacen, porque fíjese que los Estados Unidos es una gran democracia, China no lo es, pese a que es una gran economía, y siendo una gran economía tampoco tiene la calidad de ingreso que tiene Japón que aparece tercero en el medallero. Es decir, que esas son simplificaciones un poco fuertes.

BN: - Presidente, le digo que a pesar de que usted dice que soy exagerado le tengo profundísima admiración.

JS: - Muchas gracias. Usted sabe que es recíproco y..., ¡dejémoslo ahí!

BN: - Un abrazo grande.

JS: - Igualmente, hasta luego.

•   •   •

Aquél que procura el bienestar ajeno,
ya tiene asegurado el propio.

Confucio

BERNARDO NEUSTADT DIALOGA CON
FERNANDO DE LA RÚA*
EL 6 DE MAYO DE 2004.

BN: - Con el doctor de La Rúa usted puede discrepar si le gusta, si era parsimonioso o no... Pero lo que no puede decir es que lo ofendió, que lo agredió, que llevaba el rencor en la sangre. No. Diez millones de argentinos le dijeron al doctor de La Rúa: "*Señor, sea usted Presidente*". Y antes, a lo largo de su carrera, se lo habían dicho como Diputado, como Jefe de la Ciudad, como Senador. Era el único que le podía ganar, a veces, al peronismo en la Capital. Es decir, le puede o no gustar de La Rúa, puede molestarle lo que hizo o lo que no hizo. Generalmente a usted le molesta más lo que no hizo, porque depositó muchas ilusiones en él. Pero claro es muy difícil gobernar la Argentina cuando tiene algunos partidarios atrás que le tiran del saco, y cuando tiene enfrente la posibilidad de que le hagan el primer golpe civil que tuvo la Argentina. Dicho eso, con toda emoción, buenos días, cómo te va.

DLR: - Buenos días, Bernardo.

BN: - ¿Cómo estás?

DLR: - Bien, estoy bien. Ya estoy acostumbrado a ciertas cosas, así que por eso estoy bien, o sigo bien.

* *Fernando de la Rúa, ex presidente de la República Argentina. Pertenece al Partido de la Unión Cívica Radical.*

BN: - ¡Qué feo es ver pasar a los Presidentes de la Argentina por los Tribunales! No creo que haya sobre de La Rúa la acusación de corrupción. No sé... ¿Hay algún juicio que te hayan hecho por corrupción?

DLR: - Se ha puesto de moda y los tribunales han tomado la costumbre de citarme, pero en ninguna de las causas se me atribuye haberme quedado con un solo peso, haberme enriquecido, haberme apropiado de nada. La mayoría son por esa figura laxa y fácil de lo que llaman hoy incumplimiento de un funcionario público, donde a veces un juez tiene una opinión o criterio distinto sobre cómo se debió hacer algo. Eso que quede claro, nadie me atribuye corrupción.

BN: - ¿Vos sentiste cuando estabas en la Presidencia, que ese día en la Plaza de Mayo te estaban preparando un golpe civil?

DLR: - Esto se venía anunciando bastante tiempo atrás. Todos los informes hablaban del objeto de apropiarse del poder, y yo les decía a quienes me traían este dato que no podía ser, pero si la información estaba, les pedía que me dijeran cómo, porque lo que no se sabía era cómo lo iban a hacer. Y fue un conjunto de hechos que rodearon el episodio. Una actitud totalmente destructiva en el Congreso, derogación de leyes para mostrar pérdida del poder político, rechazo de otros proyectos que yo enviaba. Luego la violencia desatada en varias provincias, donde está demostrada la liviandad de la policía para impedirla. Lo que nunca imaginé, es la agresividad de lo que ocurrió el día 20 de diciembre de 2001 en la Ciudad de Buenos Aires. Pensé que hasta ahí no llegaría, pensé que bajaría la presión de la violencia, que se llegaría a un acuerdo político de unidad nacional. Era lo responsable. Nunca pensé que pusieran en juego la continuidad institucional, que yo salvé con la renuncia. Porque si yo me empecinaba, si no renunciaba, si yo defendía mi deber que era el mandato constitucional, por fuerza del golpe de Estado subía un gobierno de facto, y eso aislaba al país. Por eso, para facilitar la continuidad, yo renuncié. Y para que pare la violencia, porque habían traído gente para ejercer la violencia, y se produjeron lamentables enfrentamientos con un saldo trágico.

BN: - Fernando de La Rúa: el peronismo tiene una larga gama de colores... Cuando tú dices el peronismo, ¿cuál peronismo?

DLR: - El de Duhalde y Ruckauf fundamentalmente. Hubo algún aliado en Entre Ríos, en Concordia, donde provocaron el incendio de un supermercado, y también en Santa Fe, donde provocaron desmanes. Eso fue todo concertado. No puede ser que haya desmanes toda esa semana e inmediatamente después se pare todo. Es decir, el hurto famélico desaparece de pronto. Así que, evidentemente, fue todo orquestado, generando un vacío. Había voluntad de algunos correligionarios de desentenderse del Gobierno, de asociarse a una nueva era, lo que llamaban la era de Duhalde, que los llenó de alegría y confianza, y dieron un 100% de respaldo que a mí no me daban, entonces se produjo el clima para la renuncia, que yo vi como necesaria, como un bien al país. La culpa mía es seguro la de llegar al vacío político. Pero cuando hay demagogia, cuando hay populismo, cuando hay incomprensión de la realidad de un país, entonces se llega a esto. Si uno lo mira a Lula, acá todos fueron a apoyar la asunción de Lula y dijeron: "*esta es la línea, la figura*". Lula ha tomado medidas responsables y está sufriendo cosas parecidas, se le abre un ala del partido. Pero Brasil tiene otras características. Lo que pasa es que acá, yo le había ganado al Justicialismo y esto es imperdonable. Entonces lo cobran de alguna manera.

BN: - Cuando hablas del partido, un hombre de la democracia como Alfonsín, ¿te defendió, te amparó?

DLR: - Alfonsín me apoyó siempre. Claro que con un estilo que es filoso o de doble efecto. Yo discrepo, pero apoyo. No estoy de acuerdo, pero hay que apoyar al Presidente. Y eso creaba para algunos un doble camino.

BN: - Yo decía ayer que a mí me da mucho miedo cuando en una reunión la gente elogia a una persona y prontamente se queda y dice PERO... y el pero es larguísimo. Es un poco el estilo de Alfonsín.

DLR: - Eso debilita mucho porque teníamos un partido donde había un Presidente de la Nación respetado como tal, en su poder; y un presidente del partido, que era Alfonsín, que siempre me pareció importante su presencia ahí para apoyar al gobierno, pero que tenía profunda discrepancia en todo. Él creía en no pagar la deuda, creía en la devaluación, y a veces tenía puntos de vista distintos, e incluso lo sentía en los ministros, y esto nos creaba una división virtual. Pero él era muy cuidadoso en respetar al Presidente, en luchar por la unidad, en preservar la institucionalidad.

BN: - Pero...

DLR: - Y bueno... el pero es lo que creaba después factores de inhibición. En el FREPASO tuvimos la pérdida de Chacho Álvarez, que fue lamentable. Ahí metió la cola el diablo, digo siempre, por peleas increíbles que se dieron con Santibáñez, y eso fue después la explosión de lo del Senado. Para mí nunca existió lo que se dice, porque aquí se toman cosas por verdad, pero que nunca se demostraron, y entonces el enojo se tradujo también en eso. Ahora todos hablan que sospechan, y que piensan que puede ser, pero estoy convencido que no fue.

BN: - Pasado el tiempo, me puse a mirar tu trayectoria. Vos venías a hacer las cosas más o menos bien, que había hecho Menem mal, pero no a tirar todo el pasado encima. No era todo malo. Tenías idea de que algunas cosas habían pasado a favor del país, ¿No? Pero ellos querían tirar todo abajo.

DLR: - Yo tomo el ejemplo de Chile, donde lo bueno lo mantuvieron, cuando asume el gobierno de la Unidad Democrática, y siguieron para adelante. Decíamos nosotros en la campaña: *"mantener lo bueno, corregir lo malo"*. Eso vinimos a hacer. En realidad, en materia económica ya se ha visto en Europa que tienen que seguir un lineamiento económico, de austeridad, de reducción del gasto, mejorar su posición general de acuerdo a principios sanos de la economía y, en el fondo, aunque hoy se aparenta aplicar otros criterios, poco a poco se va enderezando hacia lo mismo, porque no existe en el mundo posibilidad de ir por otro lado. Acá si aumenta el gasto, no se hace el ahorro, aumenta el gasto público, eso es malo, y es lo que le pasó a Menem. En un momento creyeron que tenían todo, tomaban crédito, aumentaban el gasto, y eso fue lo que yo recibí, un país con alto endeudamiento, que no lo podía resolver de la mañana a la noche, pero nadie comprendía que había endeudamiento, que había que bajar el déficit... Ese fue mi primer discurso en el Congreso, pero nadie quería oír ni entender. Entonces decían: hay que aumentar acá, gastar más allá, y comenzó la presión sindical inmediata, en muchos aspectos de Moyano con sus camioneros, parándome el país, cruzando los camiones en los caminos. Fue una hostilidad permanente.

BN: - Estoy hablando con el doctor de La Rúa, que fue Presidente del país hace poco, no fue en el siglo pasado, elegido por 10 millones de argentinos. La sensación que yo tuve es que gran parte de la prensa argentina ayudó a tu caída burlándose de vos criticando cada acto.

DLR: - Así es... En ejercicio de la libertad de prensa, canales de televisión convocaban a la Plaza. Es decir, era una participación directa. Alentaban todo eso. Supongo que también había intereses atrás de quienes mandaban a hacer eso. Lo que ha seguido después es para justificar lo que pasó, porque la forma de justificar el desastre de Duhalde es que hoy se lo certifica Kirchner, diciéndole que la devaluación fue un desastre y hasta se arrepiente Koehler de habernos empujado a la caída, de no haber ayudado a evitarlo, que hubieran podido hacerlo. Fue un hito histórico con el Fondo Monetario Internacional, que de ahí cambia de actitud. Bueno, todo eso fue pasando por una combinación de factores tremendos, ingobernables.

BN: - ¿Cuántos años fuiste Jefe de Gobierno de la Ciudad de Buenos Aires?

DLR: - Tres años y medio. No ejercí los 4 porque pasé a la Presidencia. Pero hoy no reconocen ni siquiera la gran transformación de la Ciudad que se recuperó. Buenos Aires cambió a partir de esa gestión.

BN: - Pero lo cierto es que no eras un desconocido para la gente. No eras un señor que venía de la nada, o que venía de Santa Cruz, o no sé dónde. Cuando eras Senador, creo recordar hablar contigo del peligro que significaba el poder, este primer poder que tomaba la prensa. Y lo denuncié varias veces. *"Vamos a ser el primer poder sin contrapoder"*, te decía. Yo creo que, o bien criticándote, o bien convocando a la marcha, o bien humillándote con burlas sangrientas, colaboraron muchísimo para terminar con un período constitucional.

DLR: - ¡Y claro que colaboraron! Porque la gente acaba rindiéndose. En un momento de crisis hace falta mayor autoridad. Yo lo he visto en actos importantes en el interior, recuerdo muy bien para el 9 de Julio en Tucumán donde la gente me decía: *"¡Fuerza!"*, frente a tal personaje de la prensa que me atacaba o descalificaba. Hay que respetar.

BN: - ¿No querrán verte presos a vos, a Menem, y decir: *"Mirá lo que es el país transparente"*?

DLR: - A veces, cuando aparecen ciertas causas o publicidades excesivas, desconfíen, porque algo se oculta atrás, entonces algo feo se viene. Yo decía a veces, mi libertad o situación depende del humor del Fondo Monetario, o puede ser ahora con la crisis energética, cuando hace falta distraer con algo.

BN: - ¿Cuál es esa verdad que dicen que en los últimos tiempos no sabías lo que pasaba?

DLR: - Una falsedad total. En fin, los que dicen eso no conocen de qué se trata, es una cosa absolutamente ridícula. Yo no me voy a hacer elogios, pero pongo un ejemplo: el martes fui a tribunales, porque yo mismo pedí, para hacer oralmente mi defensa como auto defensor, y pronuncié yo el alegato en mi defensa. Un cronista publicó que se me vio pálido y decaído como si estuviera enfermo. ¿De dónde sacan eso?

BN: - Es la libertad de prensa.

DLR: - Yo la respeto, y nadie puede decir que no la respeté. Yo nunca llamaba a los periodistas para protestar por comentarios o publicaciones que hacían. Tuve total libertad y respeto por la independencia de la justicia. Ahora estoy pidiendo también independencia de la justicia, por lo menos lo mismo que yo hacía.

BN: - Yo digo, tantos años volcados a la vida política para soñar un sueño muy lindo. Yo creo mucho en la ambición del hombre, y sobre todo del hombre que se mete en política para llegar al poder. Hoy, después de tu experiencia, si pudieras evitar volver a ser Presidente de la Argentina, ¿lo evitarías o no?

DLR: - Haría lo mismo que hice, la misma lucha. No me arrepiento de ella. A pesar de los destinos, estoy satisfecho y sé que cuando se calmen las cosas y terminen las ambiciones de ahora, se va a apreciar de otra manera la seriedad, responsabilidad y objetivos que nos planteamos. Porque no se pueden disimular los objetivos reales de un país que quiere salir, que es: racionalizar su administración, el gasto, dar confianza a las fuerzas productivas; y se verán los factores que suelen conjugarse para impedirlo en Argentina y cómo tenemos que encontrar aquel camino que habíamos trazado que, si miran bien, lo están aplicando otros países que salen adelante. Así que yo estoy satisfecho. Yo comprendo... Me han demonizado tanto en la prensa que no soy de momento útil o conveniente para muchos que antes se acercaban por lo contrario. Yo ayudé en mi partido, en la Capital, a ganar todas las elecciones desde el año '73.

BN: - No perdiste ninguna ¿No?

DLR: - No perdí ninguna elección.

BN: - Es decir que el pueblo argentino creía en de La Rúa.

DLR: - Perdí una interna con Alfonsín. Pero después no tuve el apoyo que hace falta, porque los que no ganan, los que van en las listas y tienen que votar las leyes, éstos se ponen remisos a tratar las cosas.

Entonces un país como el nuestro precisa un poder fuerte, tener mayoría en el Congreso para sacar las cosas, porque si no vienen negociaciones tremendas. Para que te des una idea: una de las primeras leyes fue la de emergencia económica, no la ley laboral como dicen. Y no me querían votar una declaración de emergencia económica que ayudara a buscar equilibrio en las finanzas. El justicialismo decía: "¿Qué emergencia económica?". Ahora todos dicen: "Menem llevó al desastre", pero ahí no reconocían la emergencia en la que nos encontrábamos. Es decir, si nos hacemos oportunistas, si vemos las cosas según quedan bien o mal, si no se reconoce la realidad y se toma el toro por las astas, no se sale, cuesta muchísimo salir. Yo le deseo a Kirchner que pueda conducir la realidad y descorrer el velo de las cosas. Ha acumulado bastante poder como para hacerlo, pero a veces por acumular poder, si se recurre a la demagogia de decir que todo está bien, y no se van a hacer ciertas cosas, después aparecen problemas como hoy aparece la falta de energía.

BN: - Perdoname, pero yo creo que no acumuló poder, no construyó poder, sino que construyó odio. No creo que el Presidente de La Rúa hubiera ordenado a su Jefe del Ejército que bajara un cuadrito.

DLR: - Eso es una cuestión de respeto. Pero tampoco yo esperaba tener un Jefe del Ejército que lo bajara. Por simbolismo, puede bajarse la persona que está en juicio, pero no le puede decir a un soldado: "¡Soldado bájelo!".

BN: - Pero tampoco a vos se te ocurrió transformar la ESMA en un museo medio tuerto, hemipléjico, para unos muertos y no otros. No creo que se te ocurra, si no, lo hubieras hecho.

DLR: - Bernardo, soy defensor acérrimo de los derechos humanos, y creo en la ley y en la justicia. Me opuse a los indultos que se dieron. Pienso que el país tiene que encaminarse definitivamente a la conciliación, a superar los desencuentros.

BN: - La gente en la calle, ¿te odia, te rechaza?

DLR: - La verdad es que a mí siempre me han tratado bien y cordialmente... Se me acercan, me saludan, hasta me piden un autógrafo, varias mujeres me han acercado sus chicos para que les dé un beso. La verdad que muy cordiales. Ahora, voy a Tribunales los otros días, salgo, subo al auto, me alejo, y después alguien grita un insulto, no sé si incitado o qué, entonces te publican que fui abucheado, insultado, cosa que ni yo me enteré, ni pasó realmente. Fue una persona, cosa que pude suceder. Eso es incitar al odio. Hay periodistas recomendados para la agresión.

BN: - Yo no discuto políticas de Estado del Presidente. Él ganó. Está construyendo poder. A mí me preocupa mucho esta invitación a repasar el pasado, tanto el Presidente como su familia van a vivir más tiempo en el futuro. Si no empiezo a construir al futuro ¿para qué me sirve analizar el pasado?

DLR: - Yo creo que ha habido un cambio, porque también la sociedad ha mostrado su reacción, después de eso, este mensaje de paz, de democracia que trae la gente convocada por Blumberg es un cambio, es un mensaje muy fuerte, es la Argentina profunda, la Argentina silenciosa que sale y dice: queremos seguridad, paz, vivir del trabajo.

BN: - ¿Estás muy triste?

DLR: - No, Bernardo, me da muchísimo trabajo atender tantas causas... Me han hecho trabajar más que nunca en mi vida, pero vuelvo a decirte que ninguna es por enriquecimiento.

BN: - Entonces voy a transformarme en un movilero moderno. Dejo de ser Bernardo Neustadt y me transformo: ¿Así que no robó, Presidente? Dígame: ¿sus hijos mandaban más que usted?

DLR: - Estuve leyendo un libro de un español, que se llama *"La Seducción de las Palabras"*. Lo que vos acabas de hacer es una pregunta igual que cualquiera, pero metés la insidia de un verbo y con eso cobra un significado distinto. En cambio, si vos dijeras, ¿Por qué lo acusan falsamente de haber robado? La pregunta cobra un significado diferente, y es la misma. Tiene un sentido profundo la resonancia de la palabra que se emplea, y eso muchos lo saben bien.

BN: - Vos sabés qué es un pesimista: es un optimista con buena información.

DLR: - Supongo, Bernardo, que hay gente que quiere oír programas como el tuyo, que no están revolviendo la herida, sino mirando para adelante. Programas con buenas noticias, no sé si te mantenés así, buscando las buenas noticias, o las malas. Llamarme a mí tal vez es una mala noticia para algunos, pero por qué, porque está predispuesto el terreno desde antes para que así sea. La tragedia del 20 de diciembre de 2001 ocurre porque mandan gente a provocarla. Barrionuevo había pronunciado: "A éste lo sacamos antes de fin de año".

BN: - Es adivino.

DLR: - Es adivino, sabe y es un tipo admirable por cómo en medio de la tormenta lo anunció así. Es decir, había esa intención, lo hicieron. Y la forma de hacerlo era impedir las soluciones y provocar muchas cosas. Lo peor que pasó fue la corrida que obligó a la bancarización de la economía. Era muy distinto de la apropiación de los depósitos que vino después. Aquello era necesario porque la corrida era alentada por algunos medios que decían que sacaran la plata de los bancos. No hay país que resista.

BN: - Te agradezco muchísimo esta conversación. Lamento no haberte agredido lo suficiente. Creo que es un deber decirte, Fernando de La Rúa, que vos pagaste la consecuencia de que nunca se te ocurrió ser un poco de izquierda progresista, y eso se paga.

DLR: - He estado con la defensa de los Derechos Humanos.

BN: - No les alcanza.

DLR: - Estoy seguro que costó mucho el segundo voto contra Cuba, en Naciones Unidas, en la Comisión de Derechos Humanos. Yo pedía que fuera realmente una comisión a ver por qué detenían a los opositores, que estaban todos presos. No me parece bien lavarse las manos y desentenderse por razones políticas, pero me parece que eso me costó mucho dentro de los grupos admiradores de Fidel, que son los que estuvieron socavando la estabilidad institucional. Pero eso es historia, ya pasó, yo no voy a reconstruir el pasado. Lo que espero del Gobierno es que alguna vez rescaten el ejemplo de algunas formas de actuar, de algunas decisiones. Cómo pueden producirse errores que generan división en la propia fuerza... Poner un poco de grandeza todos y cada uno y, sólo así, a través de la comprensión y la responsabilidad, porque la libertad supone responsabilidad, podremos superar las dificultades que tenemos.

BN: - Fernando de La Rúa, que Dios te ilumine. Acordate que vamos a tener cortes de luz.

DLR: - Buenos días Bernardo.

• • •

Dad crédito a las obras y no a las palabras.

Miguel de Cervantes Saavedra

BERNARDO NEUSTADT DIALOGA CON JOSÉ LUIS RODRÍGUEZ ZAPATERO* NOVIEMBRE 2001

BN: - El torero dice: *"¡venga!"*; y yo le digo: *"¡venga!"* a Don José Luis Rodríguez Zapatero, que millones de argentinos lo quieren escuchar. Buen día.

RZ: - Buenos días.

BN: - En su despacho encontré: *"Vuelve a visitarme en las noches y en el fatigado crepúsculo con ilusoria fuerza de axioma"*. Está firmado por Jorge Luis Borges. A usted, ¿quién lo visita de noche?: ¿la idea -como dicen muchos españoles- que va a ser el futuro Jefe de Gobierno?

RZ: - Me visita la idea de la esperanza y hacer que el tiempo cuadre con esa otra reflexión que una filósofa española, que vivió el exilio, nos dejó escrito: *"todo lo que el hombre ha hecho lo ha soñado antes"*. Por tanto, creo que convertir los sueños de mucha gente en realidad, es para que la historia se enhebre por el decurso de una vida razonable, igualitaria. Eso es lo que me visita por las noches y también aquellas situaciones que exigen una dedicación más intensa, que nos exigen recuperar la paz en algunas partes de nuestra España, o que nos exigen una mirada larga, con intensidad, como todo lo que afecta a nuestros países hermanos de Latinoamérica.

BN: - Cuénteme un poquito, ¿por qué tanto amor, tanta devoción por Borges?

* *José Luis Rodríguez Zapatero, actual presidente de España.*

RZ: - Porque Borges es la culminación de la mejor literatura desde la filosofía. Creo que la filosofía y la literatura son dos de las artes o de las ciencias que han marcado los destinos de la humanidad. Es muy difícil encontrar un filósofo que convierta la filosofía en literatura, que sume la ciencia o la reflexión abstracta con la ética de las letras. Casi la narración de Borges se asemeja a la música. Él decía que era el arte más perfecto, porque el fondo y las formas se confunden y, en fin, creo que esa es la culminación. Más allá de eso creo que es un hombre de una vasta cultura, un provocador intelectual, un hombre que sabe que la vida al final es un laberinto, que hay que retomar una y otra vez y, en fin, siento pasión por Borges, desde muy joven.

BN: - ¿Sabe usted que de los laberintos se sale por encima no?

RZ: - Exactamente (se ríe).

BN: - Usted me decía hoy, cuando irrumpía en su despacho y me dio más de una hora de su tiempo, que España ha tenido los 25 años más felices de su vida. ¿Por qué?

RZ: - Porque han sido los años de la libertad, del reencuentro y de nuestra afirmación como un país moderno, fundado en la democracia, en el desarrollo compartido, en nuestra capacidad de afirmarnos como europeos y, a la vez, de poder tener esa entraña americana que tiene España de servir de puente también con el Mediterráneo y con el Norte de África. Hemos puesto las condiciones. Nos hemos recuperado para ser un servicio al mundo. Esa es la gran tarea que tenemos pendiente. Pero hemos dado un buen ejemplo estos 25 años. Seguramente la generación del '98 que tanto lloró por España, por su destino, estaría muy orgullosa de haberlos vivido.

BN: - Hoy cantan en la Argentina: *"No llores por mí, Argentina"*... ¿No cree que está en condiciones de liderar una especie de redescubrimiento de América? ¿No tiene ganas de emprender una marcha así, dándonos las manos, sacándonos de este callejón sin salida en el que estamos?

RZ: - Yo creo que no hay nada más apasionante para el futuro inmediato de España en estas fechas... Y también en lo que supone que se cumpla dentro de poco los 400 años de la primera edición del Quijote, nuestra figura más universal, la figura que ha permitido que nuestra lengua común, el castellano, se haya convertido en una lengua de excelencia a lo largo de los siglos. Nada más apasionante que hacer de América un referente básico para España y hacer que España se ocupe intensamente de nuestra América Latina. Si nosotros hemos podido, y hemos tenido una historia muy compleja, también pueden Argentina, Venezuela, Uruguay... También pueden muchos países de Centro América. Y España puede y debe ser una guía. España, la España europea, comprometida más allá del Atlántico, sin duda tiene ese potencial, y desde luego para mí sería el reto más apasionante.

BN: - Cuando fracasa un país, ¿fracasan sus dirigentes políticos o fracasa la sociedad, o toda la dirigencia?

RZ: - Hay un fracaso colectivo, sin duda alguna. La mejor forma de superar una situación una vez que se ha tocado fondo, es no buscar responsables. Creo que tiene que haber una especie de silencio, aunque esté en la conciencia íntima de un pueblo. Pero el fracaso es colectivo y lo peor es pensar que los de afuera son los responsables, o incluso que una parte u otra parte de adentro lo son también. Argentina necesita un nuevo patriotismo, fundado en la confianza de la cultura del esfuerzo, del trabajo, de la apertura al Mundo. España debe ser su primera ayuda, y creo que si se gana la confianza en una ética civil, en la convivencia, Argentina puede... ¡Cómo no va a poder!, si tiene una historia plagada de grandes hombres en el ámbito de la cultura, si tiene una riqueza natural difícilmente comparable con otros países. Argentina puede. Sólo le falta reencontrarse a sí misma. España está dispuesta, tiene que estar dispuesta a dejar lo mejor de sí misma para que se produzca ese reencuentro.

BN: - Usted me preguntaba: *"¿está motivado el pueblo?"*, y le dije que no. Tal es así que para la encuesta en la próxima elección, cercana, gana: ninguno. El 50% de los argentinos dice: no voto por ninguno.

¿Cómo se hace para que la confianza se recupere? ¿Cómo se resucita la fe perdida?

RZ: - Creo que el testimonio de los políticos, de los intelectuales, de aquellas referencias sociales que han de quedar vivas en Argentina es esencial. Y el testimonio mejor es el ejemplo. Yo creo que el ejemplo de los políticos que han cosechado fracasos es que no vuelvan a intentarlo. La vía es el surgimiento de nuevos políticos. España hizo una transición con una generación nueva, que prácticamente no tenía experiencia política, ni de gobierno, ni en la administración, y salió muy bien. Creo que el mensaje de renovación profunda de la estructura política debe ser lo que la sociedad espere. Por tanto, los que han estado deben dejar paso a otros y hacer sin rencor, sin mirar hacia atrás, una transición hacia una refundación de la ética, una refundación civil, que permita que los ciudadanos vayan a las urnas con esperanza y con confianza. Si se presenta una buena oferta, estoy seguro que el pueblo la respaldará y será el principio para superar la crisis actual. Pero nadie va a ayudar más a los argentinos, que los argentinos mismos. Esta es una constante de la historia. España sufrió muchos momentos malos en su historia, hasta que nos pusimos de acuerdo en cómo salir adelante. Cerramos páginas hacia atrás, fundamos una democracia, un Estado de derecho, con leyes que rigen, justicia que funciona, y gente que va al poder a servir y no a servirse. Esa es la clave de los éxitos.

BN: - Primero se mataron ustedes..., entonces me da miedo.

RZ: - Creo que eso también puede servir como lección para no repetir. Creo que las experiencias de otros países sirven para no repetirlas. Creo que el argentino ama la convivencia y aunque es apasionado en sus sentimientos, creo que no tiene ningún instinto que pueda resquebrajar lo que es una sociedad fabricada durante décadas, durante generaciones. Como todo, la política, la historia de los pueblos, los gobiernos, necesitan una afirmación de confianza y de credibilidad. Esa será la única vía por la que la Argentina va a salir hacia adelante. Y le puedo asegurar que yo soy optimista, creo que los argentinos deben de tener el hilo del optimismo encima de la amargura. Junto a eso, es verdad que Europa, que los Estados Unidos pueden ayudar más a Argentina, pero ayudar a ayudarse, no ayudar para que continúe ese laberinto ciego que puede ser simplemente pan para hoy y hambre para mañana.

BN: - Usted me enseñó esta mañana, puso en mi oído, la idea de que con 42 años va a ser el primer demócrata de la democracia, nacido a la sombra de la democracia, que puede presidir España. ¿Qué le diría a la gente joven en Argentina que no quiere actuar en política, usted que actúa?

RZ: - Creo que uno de los éxitos de nuestro país, es que cuando fuimos llamados a una democracia incipiente, temerosa, con sombras, estuvimos ahí. Mi generación se comprometió. Lo recuerdo muy bien. Hubo mucha gente que participó en la vida política, que militó en los partidos, que tomó las riendas de su destino. Y creo que en la Argentina, hay una generación de jóvenes formados, que han podido conocer y saber cómo se construye un sistema democrático y de libertad. Que tomen las riendas, que no esperen que lo hagan otros. Que no esperen que los políticos sin más vayan a solucionar los problemas. Hay que dar un paso adelante, y ese paso lo deben dar los jóvenes. Nosotros aquí lo intentamos, salió bien, ha merecido la pena. Mis hijas han nacido en un país bastante desarrollado, libre, tienen acceso a la educación, van a acabar sus estudios, seguramente con mucha más formación que la mía. Van a tener la posibilidad de trabajar; van a poder viajar por el mundo; van a tener una visión de la vida mucho más rica, más intensa. Merece la pena intentarlo... Siempre el poder se ejerce generacionalmente, y cada generación tiene su compromiso para dar un salto adelante en la historia de sus pueblos.

BN: - Le quiero agradecer profundamente lo que está haciendo en este momento..., lo que hará en el futuro, por la Argentina y por América, tal vez la zona más rezagada del mundo. Usted me dijo hoy: *"pero si tuvieron un Borges, cómo van a fracasar"*. Yo quiero que usted escuche, si me permite, un poema de Borges, leído desde Buenos Aires y que dice así:

ESPAÑA

Más allá de los símbolos.

Más allá de la pompa y la ceniza de los aniversarios.

Más allá de la aberración del gramático que ve en la historia del hidalgo, que soñaba ser un Quijote y al fin lo fue.

No una amistad ni una alegría, sino un herbario de arcaísmos y un refranero.

Esta España silenciosa en nosotros.

España del bisonte, que moriría por el hierro o el rifle en las praderas del ocaso, en Montana.

España, donde Ulises descendió a la casa aves.

España del íbero, del celta, del cartaginés y de Roma.

España de los duros visigodos. De estirpe escandinava.

Que deletrearon y olvidaron la escritora de Ulfilas, pastor de pueblos.

España del Islam, de la cábala y de la noche oscura del alma.

España de los inquisidores que padecieron el destino de ser verdugos y hubieran podido ser mártires.

España de la larga aventura que descifró los mares y redujo crueles imperios y que prosigue aquí, en Buenos Aires, en este atardecer del mes de Julio de 1964.

España de la otra guitarra, la desgarrada. No la humilde, la nuestra.

España de los patios.

España de la piedra piadosa de catedrales y santuarios.

España de la hombría de bien y de la caudalosa amistad.

España del inútil coraje, podemos profesar otros amores, podemos olvidarte, como olvidamos nuestro propio pasado, porque inseparablemente estás en nosotros, en los íntimos hábitos de la sangre, en los Acevedo y los Suárez de mi linaje.

España, madre de ríos y de espadas y de multiplicadas generaciones incesante y fatal.

Jorge Luis Borges
1964

RZ: - Es difícil una mejor descripción de nuestro ser, de nuestro carácter. Hoy por suerte creo que le podríamos decir a Borges, si nos escuchara, que España está mas cerca de una aventura quijotesca, que de lo que fueron los momentos de la inquisición. Y que nuestro esfuerzo histórico ha cosechado más éxitos. Pero ese carácter de celta, ese carácter ibero cartaginés, islámico, que Borges reconoce en nuestra piel, es precisamente la riqueza que nos permite salir al mundo y, sin duda alguna, sentirnos tan cerca de América, como yo me siento de Borges.

BN: - Le pido por favor, sea el Quijote para América Latina y se lo digo con interés no menguado: ¡sea el Quijote de Argentina! Creo que eso nos va a ayudar muchísimo. Le quiero hacer una última consulta. Estuve en la tumba de su señor abuelo que murió fusilado en la Guerra Civil, ¿siente usted algún rencor?

RZ: - En absoluto. Ningún rencor. Siento el recuerdo de su memoria, de su dignidad y el mensaje de reconciliación de perdón de su altura moral, de la ética con la que perdió la vida, con la que le arrebataron los sueños de una España en libertad, por la que soñó tanta gente. Eso ha sido un motor de mis convicciones en la forma de construir la convivencia. Y me gustaría que ese espíritu y ese talante estuviera presente también en todos los argentinos a los que sentimos tan cerca desde aquí, a los que conviven con tantos españoles, y en definitiva somos argentinos y españoles a la vez. Nos sentimos en un tronco común y, como ese tronco común, tiene que preocuparse por todas las ramas, y la rama Argentina tiene que volver a crecer, a florecer...

BN: - Cuando éramos chicos nos enseñaron a decir: "*España, la Madre Patria*"... Ahora va a tener que ser madre y padre.

RZ: - Estamos dispuestos a serlo y, sobre todo: hermanos fraternos. Quiero agradecerle profundamente esta oportunidad de conversar con muchos argentinos y argentinas a los que les invito a la esperanza, a la confianza en sí mismos.

BN: - Como usted bien sabe, cuando Borges estaba muy mal, tomó a su mujer y le pidió que lo llevara a otro país porque en la Argentina no lo iban a respetar ni en su muerte. Y murió en Suiza. Yo digo siempre que hay que buscar un país donde uno sea respetado no solamente cuando se muera, sino cuando viva. Esa es la Patria.

RZ: - Exactamente. La Patria es la que nos permite las libertades en común. La que nos permite identificarnos como seres humanos, con nuestra cultura, con nuestra tierra, con nuestras raíces, con los sentimientos. Eso es la Patria. En fin, la historia ha demostrado que merece la pena apostar y aventurar la vida por la Patria, que es la libertad en última instancia, como decía el Quijote.

BN: - Usted es el Secretario General del Partido Socialista Obrero Español, ¿cree que se puede vivir el mundo sin el mundo? ¿Cree que se puede vivir sin el capitalismo?

RZ: - No. Creo que la economía de mercado, la economía capitalista es la mejor fórmula para asignar los recursos. Tiene que estar equilibrada, como ha pasado en Europa, con políticas sociales. Yo siempre defino la Europa que ha conseguido crecimiento y riqueza como un empate infinito entre la economía libre de mercado y las políticas sociales. Ese empate infinito es lo que nos ha permitido desarrollarnos y tener cohesión social. No dejar a nadie atrás. En definitiva, que un país sea como un ejército, que ande al ritmo de su último soldado, y que no le deje atrás. Eso es la gran búsqueda que tienen que hacer los países. Recordando a Kennedy, aquella frase sobre: "*¿Qué puedes hacer tú por tu país?*". Piensa en ello, no sólo en lo que puede hacer tu país por ti.

BN: - Usted me decía que han logrado tener un equilibrio social increíble.

RZ: - Sí. En efecto. La España de estos 25 años ha sido una España que ha avanzado hacia la igualdad social. Fundamentalmente gracias a un buen sistema educativo, que ha permitido movilidad social, que tiene la educación gratuita hasta los 16 años. Tiene un sistema de becas que permite a los jóvenes, nazcan en la familia que nazcan, alcanzar un título universitario, una actividad profesional. Además tiene un buen sistema de sanidad pública y un sistema garantizado de pensiones públicas para que, cuando la gente llega a los últimos años de su vida, goce de una vida digna. Eso se funda en un consenso social último, que está en la Constitución, y que supone que la riqueza que se crea hay que repartirla para que todo el mundo tenga oportunidades, y nadie quede en la cuneta. Para eso, tiene que haber instituciones fuertes, democracia real, austeridad en la política. En España, los sueldos de los políticos son sueldos relativamente bajos, cualquier directivo de una empresa gana más que un diputado o el presidente del gobierno. Eso también funda una ética civil, una confianza que, desde luego, es enormemente importante para que los ciudadanos se esfuercen y trabajen.

BN: - Cuando era chico y garabateaba sus primeros palotes por las calles de León, ¿pensó alguna vez que podía llegar a ser Jefe de Estado?

RZ: - La verdad es que no. Creo que es un pensamiento difícil de tener. Lo que si tuve desde muy niño fue una conciencia de que podía aportar algo al bien público. Y desde muy joven me comprometí. Sobre todo con una bandera de honestidad, con una moral que es no sentirse superior a nadie, estar dispuesto siempre a escuchar, a aceptar que el otro puede tener razón, el que no piensa como tú... Y a hacer una moral kantiana en política, es decir, que antes de dar lecciones a los demás, mírate a ti mismo e intenta cumplir con tu deber.

BN: - Y cumplieron con el deber... porque pronto se cumplen 20 años desde que el socialismo llegó al poder.

RZ: - En efecto. El 28 de octubre de 1982, por primera vez en la historia de España, hubo un gobierno de socialistas, después de un gran respaldo popular. Ahí se fundieron muchas ilusiones, muchos recuerdos y se consiguió hacer una importante transformación de España. Entre otras, pues, estar en Europa. Dejamos de tener un pasaporte verde, viajamos por Europa con nuestro carnet de identidad, comenzamos a tener un Estado social, no un Estado de beneficencia, tuvimos una educación para todos, y además permitió la consolidación democrática. Digamos que se ha cerrado un ciclo de la alternancia, de la modernización y que se ha cumplido muy satisfactoriamente. Nuestro destino inmediato no es buscar una victoria que sea la revisión de las victorias del '82, de Felipe González. Nuestras victorias de futuro en las que confío, serán nuevas victorias para abrir nuevos espacios, para diseñar nuevos caminos para esta España que ha conseguido dar vuelta la historia de su destino trágico en la primera parte de este siglo.

BN: - Le ruego, le pido, casi le exijo que sea el Quijote de España hacia América Latina. Esta España, como dice Borges, madre de ríos y de espadas y de multiplicadas generaciones, incesante y fatal.

RZ: - Ahí estaremos. E intentaremos nada más y nada menos de hacer esa tarea, de defender la libertad por encima de cualquier otra cosa, como decía el Quijote, y de tener esa vocación universal y humanista. En definitiva el Quijote fue un gran republicano, un gran defensor de la convivencia pública, de la libertad y de las causas honestas.

BN: - ¡Qué feliz me ha hecho Dios hoy!: me ha permitido conocer a un Quijote llamado José Luis Rodríguez Zapatero...

RZ: - Espero que haya una multitud de Quijotes en la Argentina.

BN: - Usted lo va a enseñar... Tiene que venir a la Argentina y mostrarnos que a los 42 años con vocación, con honestidad, puede alcanzarse la gloria de vivir más o menos como se debe.

RZ: - De vivir dignamente, que es una aspiración bien legítima de todos los seres humanos. Haremos ese esfuerzo, estaremos en la Argentina.

BN: - Un abrazo grande.

RZ: - Muchas gracias. Y un saludo muy fuerte.

●   ●   ●

No hay viento favorable para
el que no sabe adonde va
Séneca

BERNARDO NEUSTADT DIALOGA CON
ISABEL TOCINO*
EL 21 DE AGOSTO DE 2002

BN: - ¿Cómo está señora?

IT: - Estoy encantada en saludarte de nuevo y esta vez hablando desde Santander, donde he venido a pasar unos días de descanso con mi familia.

BN: - A medida que nos fuimos conociendo, desde el primer día hasta ahora, nació otra gente, todos los días nacen... Es una tarea que cumple la vida, que nos permite renovar el elenco. En la Argentina no, el elenco político es el mismo, pero la vida se renueva. Quería, si eres tan amable, tan genial, que me dijeras quién eres, qué cargos obtuviste en el gobierno y qué haces ahora, por favor.

IT: - Pues yo soy una española cantabra, del norte de España, que estudié Derecho y me doctoré en Derecho. Trabajé en la Junta de Energía Nuclear siete años. Soy profesora titular de Derecho Civil, donde he estado impartiendo clases en la Universidad Complutense 14 años. Después pasé a la vida política, donde estuve dieciséis años; diez trabajando desde la oposición en el partido Popular. Entré en el primer gobierno de José María Aznar. Fui Ministra de Medio Ambiente cuatro años. Me tocó crear el primer Ministerio de Medio Ambiente. Después regresé al Parlamento, donde me desempeñé como

* *Isabel Tocino, doctora en Derecho Nuclear. Fue diputada por el Partido Popular en España.*

Presidenta de la Comisión de Exteriores durante dos años. En este momento, hace escaso mes y medio, tomé la decisión de dejar la vida política y comenzar una nueva etapa en el sector privado. Y en este momento estoy presidiendo para España y Portugal una multinacional de software y estoy contenta con ese cambio. En el terreno personal, siempre digo que es mi mejor currículum, soy madre de 7 hijos. Una pequeña se murió en un accidente, y aunque sigo contando que tengo 7, la realidad es que ahora tengo 6..., un chico y las demás son todas mujeres.

BN: - ¡Qué linda actitud esa de seguir teniendo 7! Desde el primer momento te tuve admiración y no la abandoné nunca, cosa difícil en estos tiempos de escasas lealtades. ¿Este paso de la vida pública a la vida privada no te causa daño en España, no te critican? Porque acá si haces eso, creo que mueres en el intento.

IT: - En absoluto. Creo que es bueno que los políticos puedan ser de ida y vuelta. Yo primero empecé en el sector público. Soy, lo que llamamos en España, funcionario. Saqué mis oposiciones como titular de Derecho Civil, y trabajé siempre en el sector público, desde allí fui llamada para trabajar en política. La verdad es que he tenido muchas ofertas para ir al despacho de abogados, o trabajar en banca, y solamente esto me ha enganchado por una razón: quiero intentar seguir ayudando a mi país, a modernizarlo. En este momento, después que tuve un ciclo político, como he dicho, diez años en la oposición cuatro en el Gobierno, otros dos en el Parlamento; lo único que podía hacer era sentarme en el escaño, y seguramente hacer un trabajo bonito; pero es volver a iniciar un ciclo. Creo que es bueno dejar también el escaño libre para otras personas jóvenes que empiezan con ilusión, como yo también empecé un día, y seguir colaborando con mi partido. En este momento estoy dedicada a modernizar mi país, acercando tanto el sector privado como público a la sociedad de la información. Hoy es muy importante el conocimiento. Vivimos en los tiempos de la globalización. Ha llegado un momento en que el ciudadano tiene que participar mucho más y para eso, yo lo he vivido también desde el escaño, si tú tienes una página Web, si tu tienes un e-mail al que te puedan enviar mensajes y tienes la obligación de contestarles, es todo mucho más transparente y directo. La sociedad de la información, de las nuevas tecnologías, que nos permiten estar mucho más comunicados y acceder a una gestión de expedientes, cómo está mi expediente, qué funcionario lo tiene... Todo eso con las nuevas tecnologías no se puede ocultar, es transparencia absoluta. Y yo quiero ayudar a que se vayan implantando estos sistemas de nuevas tecnologías para hacer también una democracia cada vez más transparente y más participativa.

BN: - He resuelto que si no tengo nada que decir, prefiero parecer tonto que hablar y denunciarme. Estuve pensando cómo puedo explicarles a los argentinos que Europa tuvo 40 millones de muertos en el año '45 y hoy tiene una moneda única aunque se mataron entre ellos. Cómo puedo explicarles a los argentinos que España tuvo 1 millón de muertos y fíjate lo que es hoy. Si tú me pudieras explicar cómo sale España de ese millón de muertos, del hambre, de la tierra árida y llega adonde está hoy, nada más para que los argentinos entiendan. Te cuento, si me permites, que en las últimas encuestas, y es el sentimiento nacional, el 50% quiere vivir con el mundo y el 50% de los argentinos no.

IT: - Eso es grave. Creo que hay una gran desesperanza en el pueblo argentino, por todo lo que se está viviendo hace ya casi un año, y la crisis económica a nivel mundial también. Pero pienso que es fundamentalmente un problema interno. Estamos hablando de sistemas democráticos, de democracias transparentes, de encontrar gente abnegada, que tenga el orgullo patrio de ser argentino que seguro lo tienen la gran mayoría de los argentinos y que quieren que su país salga adelante. Aquí fue difícil también la transición.

BN: - Creo que todos somos buenos. Queremos que el país salga adelante... El problema son los instrumentos. Si tú quieres salir adelante y dices que no al capital extranjero... Los españoles que invirtieron acá, nos dieron teléfonos, nos dieron Repsol, pusieron 50.000 millones de dólares...

IT: - Cuando los gobiernos son débiles y quieren seguir captando votos, pues muchas veces buscan el enemigo externo, cuando en realidad el problema es interno, de gestión, de transparencia, de abnegación. Es un problema de ser muy sincero hablándole al pueblo diciéndoles lo que está mal y pedir la colaboración de todos. Yo creo que en el siglo XXI todos nos sentimos ya muy maduros, las nuevas tecnologías, los medios de comunicación. Esto, la gente lo ve. ¿Por qué en otros sitios salen adelante?, pues salen adelante porque no son sólo el gobernante, o el partido político, o unos cuantos dirigentes los que se empeñan en imponer un modelo terminado de gestión para el país, sino que están desde la humildad, la transparencia y los valores democráticos pidiendo ayuda. Señores, yo solo no puedo, todos somos españoles, todos somos argentinos. Necesitamos la colaboración de todos, no es una cuestión de ideología política, es una cuestión de sentido común, y eso es lo que hizo España en la transición.

BN: - El problema parte del pueblo argentino porque la mitad está de acuerdo con los políticos argentinos que piensan que hay que aislarse del mundo. Es decir que la mitad del pueblo argentino es socio de ese pensamiento retardatario, y esto es lo grave. España no hubiera podido crecer si el pueblo español no lo hubiera acompañado. Cuando el pueblo está dividido en un 50% entre los que quieren vivir con el mundo y los que quieren vivir sin el mundo es imposible.

IT: - Estoy completamente de acuerdo y yo no soy nadie para dar consejos, pero no se puede vivir de espaldas al mundo nunca. Y mucho menos en la era del siglo XXI, de la globalización, de la internacionalización. En España tenemos el ejemplo, tú lo acabas de comentar. España apostó firme por entrar en la Unión Europea. Tardamos casi 20 años, porque no teníamos un sistema democrático y no nos aceptaban. Pero quemamos las naves y no quisimos volver hacia atrás, quisimos acabar esa especie de proteccionismo mal entendido en el que vivimos casi 40 años para entrar en la modernidad del resto de los países, y Europa ayudó a España, pero España se dejó ayudar con participación, con sentido común, con austeridad también. Eso ha hecho que poniendo cada uno su granito de arena, estemos ahora entre los cinco países más fuertes de la Unión Europea, y que nuestra situación económica haya mejorado considerablemente. No hay ninguna receta mágica, hay que poner sentido común, austeridad y contar con absoluta transparencia, con la colaboración de todos. Lo que tiene que hacer Argentina, si da la espalda, si da la vuelta, si aprueba leyes como las que aquí hemos comentando estos días, porque el Parlamento argentino podría votar un proyecto de ley que obligara precisamente a las empresas extranjeras a responder de una forma completamente ilógica por los problemas internos que hay ahí; las pocas o las empresas que queden todavía acabarán marchándose del país. España ha apostado por seguir en Argentina. La banca española quiere seguir en Argentina, y nos preocupa mucho Argentina...

BN: - Déjame que te cuente algo. Ayer un amigo mío, un economista importante, me hizo un trabajo desde 1900 hasta ahora. Allí muestra cómo la Argentina, junto con las que tienen los países de Europa, trató de hacer un camino muy interesante de cara a la vida privada desde el año 1900 a 1940. Europa tuvo la guerra y eso hizo que Argentina se transformara en una potencia porque le dio alimentos. Pero a partir del ´40 la Argentina creyó, a través de dirigentes, y por qué no a través de su pueblo, que la vida del país estaba en el Estado, y se volvió estatista y proteccionista. Se muestra en esa línea la caída que tiene la Argentina con respecto a Canadá, Australia, Nueva Zelanda, con respecto al mundo. Hasta el ´40 estamos en el octavo puesto, prácticamente cara a cara con los países del mundo, y desde el ´40 para acá, la Argentina es el país que, junto con Brasil, más ha decaído en el mundo, que menos ha progresado. Es simple: política proteccionista. Encerrémonos. Vivamos con lo nuestro mirando nuestro estómago, y eso, aunque parezca mentira, está muy arraigado en la vida argentina, porque el Estado le da un salario sin trabajar y la vida privada no.

IT: - *Lo entiendo perfectamente. Son medidas que se parecen muy poco con los países que están alcanzando la modernización. Son países que cuando toman ese tipo de medidas están dando pasos hacia atrás, lo cual parece imposible en un mundo como digo tan informa-*

do, como puede estar Argentina, y viendo que con esos tipos de medidas están haciendo que huya el capital extranjero, que huya la inversión, porque son medidas absolutamente retrógradas, que al FMI no le dan confianza. No hay más soluciones que, efectivamente, el pueblo se manifieste libremente por cuál de todas esas opciones quiere apostar. Y, una vez que haya apostado por un partido político que sea el ganador, o una coalición de partidos, ver si los demás también asumen, aunque hayan perdido las elecciones, que hay que apoyar una salida adelante por encima de la ideología política. El problema no es qué partido tiene más votos, sino cómo entre todos ponen en marcha unas instituciones democráticas estables.

BN: - Debemos realizar una tarea larga de concientización porque gran parte del pueblo argentino piensa que el capital vino acá para llevarse la plata argentina e irse, mientras que otra gran parte del pueblo, apoyando al capitalismo social, es socia del silencio porque no actúa. Los otros, en un 50%, actúan. Entre los cuatro candidatos con posibilidades de ganar, los cuatro representan lo que el pueblo argentino quiere también, que es *"vivamos con lo nuestro"*, *"aislémonos del mundo"*. Va a ser más fácil cambiar los dirigentes que cambiar a la gente, es una tarea de larga concientización mental...

IT: - Precisamente por eso estoy diciendo que los políticos han metido esas ideas en el pueblo y el pueblo las tiene asumidas. Tendrán que votar y decidir qué opción política quieren que les gobierne y a partir de ahí, si la opción política que les va a gobernar es la que la mayoría del pueblo ha decidido, y es dar la espalda al capital extranjero, porque creen y siguen pensando que les ha llevado toda la plata y todo el dinero, bueno, pues se estrellarán una temporada más... Y ellos mismos se darán cuenta, ojalá sea dentro de unos meses antes que de unos años, que con esa opción que han hecho de dar la espalda al mundo, de cerrarse, de hacer que el capital extranjero abandone Argentina, les ira todavía mucho peor, y se darán cuenta de que quienes les decían, ya sea los medios de comunicación y otras instancias, que esa no era la solución, eran los que tenían razón; y habrá un nuevo proceso. Será duro. Se ha acabado esa etapa de un proteccionismo mal entendido. Tú puedes defender lo tuyo en base a compartir con otros. Somos como los vasos comunicantes. Yo te doy hoy, tú me das mañana, y porque vienen otros a invertir no se vienen a llevar lo tuyo, al contrario, vienen a potenciar tu país, y tú podrás salir fuera también, y en la medida en que seas más rico, podrás también invertir en otro sitio. Lo contrario es condenarse al fracaso, pero los pueblos son dueños de su historia.

BN: - Esto es lo que nos está pasando. Ya en estos días tú pedías un teléfono a Telefónica o a Telecom y a la hora te lo colocaban. Lentamente, con estos desprecios por el capital, por las empresas, nos fuimos quedando, porque no se invirtió más, y en estos momentos si pides un teléfono tarda un mes, si pides otro teléfono tarda seis meses, con toda la buena voluntad que tiene todavía la empresa. En este momento se anuncia que dentro de dos meses las compañías eléctricas que tienen todos sus costos en dólares, donde el Estado le pone el 57% del costo de la energía eléctrica, nos anuncian que pronto habrá cortes de luz. ¿La Argentina tiene que sufrir toda esa consecuencia? Ya lo vivió y lo vuelve a repetir. Ha elegido hombres como Alfonsín que representan el pasado y los vuelve a elegir. Ha elegido hombres como Duhalde que preside el país, que representa ¿te acuerdas de esa canción peronista que decía: "*combatiendo al capital*"? ¡Ni Perón la cantaría hoy! Ellos la siguen cantando, y a ese hombre lo han elegido dos veces. A mí me preocupan tanto estos dirigentes, como la mentalidad del pueblo argentino que temo, temo, temo que sea mayoritaria. Entonces pagaremos las consecuencias, todos.

IT: - Sin lugar a dudas. Sin embargo, yo te felicito, y te animo aunque seas una especie de predicador en el desierto, de seguir no bajando la guardia, y seguir diciendo por dónde pasan las soluciones que se aplican en otros países, que no se fiaron de ellos solos. España estuvo en ese proteccionismo, no participamos ni siquiera en la Segunda Guerra Mundial, porque decíamos que éramos distintos. No nos benefició en nada, y llegó un momento donde estábamos absolutamente aislados. De no haber optado y peleado todos por llegar a ser miembros de la Unión Europea, España hoy estaría peor que el peor país del mundo, porque no podíamos estar geoestratégicamente tan bien situados y haber dado la espalda a todos, encerrándonos en nuestras fronteras.

BN: - La Argentina desprecia a un socio como Inglaterra, se despide de un socio como los Estados Unidos, y se va a los brazos de Cuba, de Castro. Eso fue la etapa de Alfonsín. Entonces, cuanto tú piensas que eso se puede hacer en este tiempo sin tiempo, que no lo hace nadie en el mundo... No se han dado cuenta que el Muro de Berlín se cayó para el lado del comunismo no del capitalismo. No se han dado cuenta...

IT: - Es que se han quedado en temas muy obsoletos, en un conceptualismo vacío de contenido porque hablar en el siglo XXI de lo público y lo privado como dos bloques completamente distintos, o del capitalismo y del marxismo, es un tema obsoleto totalmente.

BN: - ¿Sabes lo que se discute acá, Isabel? Se discute si el capital es nacional o si es extranjero, pero sin darse cuenta de que el capital no tiene carta de ciudadanía.

IT: - Sin querer ofender a nadie, hay que pensar mucho en eso...

BN: - Nadie se ofende, porque es difícil que la gente tenga oídos para ofenderse, cuando no puede escuchar dónde queda la vida. Te cuento que Groucho Marx, un gran cómico de su tiempo, puso como epitafio de su tumba: *"Perdón si me levanto"*. Te mando un abrazo grande.

IT: - Muchísimas gracias, Bernardo.

• • •

II- SOBRE EL PENSAMIENTO POLÍTICO

Los hombres inteligentes quieren
aprender; los demás, enseñan.
Antón Chejov

BERNARDO NEUSTADT DIALOGA CON
RENE BALESTRA*
(2004)

BN: - Ojalá que nuestros bienes no se conviertan en nuestros males, ojalá que nuestros bienes no se conviertan en nuestros males. ¿Para qué repito todo? Para que entre... Uno oye, pero no escucha. Yo estoy para no deformar, no difamar y para formar... Ya informé bastante. Llevo la tragedia de informar sobre mi vida. Dije todo lo que andaba mal. Informar es deformar y deformar es difamar, entonces prefiero formar. ¿Y al gran profesor y amigo mío, René Balestra, qué le parece esto? Buenos días, doctor.

RB: - ¡Qué tal, Bernardo!

BN: - Siempre extrañándolo.

RB: - Es muy grato escuchar eso. Usted sabe que el afecto es recíproco. Si me permite, lo que usted tiene que hacer, -que lo sigue haciendo- no es solamente informar, sino enseñar a pensar. No forzosa y necesariamente como pensamos nosotros, pero enseñar a la gente a que ejercite el oficio del pensamiento. Es una cosa poco común enseñar a pensar. La mayoría de los comentaristas y profesores, secretamente quieren que el que los está escuchando coincida en todo con ellos. Esa no es la clave. La clave es que cada uno aprenda a ejercitar el oficio de su propia cabeza. Yo creo que la República Argentina se vería enormemente beneficiada y sobre todo contribuiríamos a volver finalmente al mundo. Yo tengo miedo, Bernardo, de que volvamos

* René Balestra, abogado y periodista. Miembro de la Academia Nacional de Derecho y Ciencias Sociales de Córdoba. Fue Diputado Nacional.

nuevamente a salir del mundo. Veo algunas actitudes, reflexiones, visiones parciales, visiones hemipléjicas, incompletas. Hablamos de los rosarinos y nos comemos las "s". Hay veces que los gobernantes se comen la mitad del concepto o de la realidad que están analizando. Comerse las "s" es una imperfección idiomática. Comerse la mitad de la realidad que se analiza, o sobre la cual se resuelve, es una especie de pecado mortal de los gobernantes. Y tengo para mí, que el Presidente se está comiendo una parte de la realidad cuando analiza o emite juicios con respecto a nuestro inmediato pasado, en el cual también él hace un beneficio de inventario... Toma lo que le viene bien para sus argumentos y se saltea a simple vista ciertas y determinadas partes que también configuran la realidad.

BN: - Usted sabe que recién a un hombre le abrieron el pómulo en la 9 de Julio, hablé con él y de entrada me dijo: *"Mire, hoy coincido con usted, aunque muchas veces no".* Le respondí: *"No quiero que coincida conmigo, yo quiero que piense. Aunque sea en mi contra, pero piense".* Y lo que usted decía me lo da esta realidad. Ayer, desde Nueva York, la señora Cristina de Kirchner dijo que no le preocupaba para nada que el país quedara aislado de los mercados.

RB: - Si eso que dice la esposa del Presidente se efectiviza, la Argentina va a volver nuevamente a salir del mundo. Me asombra, porque nosotros tenemos una experiencia cierta y real. Las estadísticas que se utilizan para transmitir al pueblo la deuda que tenemos interna y externa... Las estadísticas dicen fehacientemente que en un momento de nuestra historia la Argentina formaba parte de un grupo de una escasa docena de pueblos en el mundo -no hace mucho- como país más importante con porvenir, solidez, expectativa económica y ahora, objetivamente, ocupa el puesto 50, entonces: ¿cómo hemos llegado a eso? Tenemos que volver a la metodología antigua, que no es ni de izquierda, derecha o centro, es una metodología de seriedad. Cuando se es la esposa del Presidente, y no se trata de una mujer que tenga falencias intelectuales, es probable que tenga falencias conceptuales, pero tiene una cabeza como para entender, entonces, si dice lo que dice, es porque está desarrollando un tipo de política suicida.

BN: - Yo estaba mirando a la inteligente señora de Kirchner, que valoré mucho cuando era diputada, y la vi hablando, sentada en el mejor hotel de Nueva York, luciendo un reloj Rolex, saliendo en la tapa de Hola y diciendo que no le preocupa que el país quede aislado de los mercados... No sé si me explico.

RB: - Esto es alarmante porque en el mundo político, no sólo el actual sino de todo el siglo XX, hubo manifestaciones de individuos que gobernaron, y que fueron desde muchos puntos de vista nefastos, y que tenían una inteligencia especial, una inteligencia realmente excepcional. Benito Mussolini era inteligente, capaz, tenía formación ideológica, cultural, pero Mussolini era Mussolini. Es decir que la inteligencia es una posibilidad, como la televisión, la radio..., ¿usted ve lo que hacen? A usted no puedo decírselo, es como hablarle de humedad al mar. Pero usted sabe lo que se puede hacer y dejar de hacer con la televisión, y también sabe lo que dejan de hacer y hacen con la radio. Entonces la posibilidad instrumental, puede ser un instrumento natural como es el cerebro y puede ser un instrumento artificial como es por ejemplo un mecanismo sofisticado como la televisión o la radio, potencialmente pueden dar para cualquier cosa. Pero nosotros los estamos utilizando para nivelar hacia abajo.

BN: - Con la lengua puedo decir tanto *"lo admiro"* como *"lo odio"*.

RB: - Yo advierto que uno de los mejores libros que se escribieron en contra de los regímenes totalitarios comunistas, fue un libro de Jean-Francois Revel que se llamó *"La tentación totalitaria"*. Veo en el Gobierno, en casi todos los Ministros, tal vez con la única excepción del Ministro de Economía, advierto en todos, la tentación morbosa y fatídica de los incendios de la lengua.

BN: - Usted sabe que siempre se dijo y probó que Alemania era uno de los pueblos más inteligentes y cultos. Ahí está la cantidad de pensadores, científicos, creativos, músicos que dio. Ese pueblo, en su mayoría, un día eligió a Hitler. De la Argentina se dice que es un pueblo inteligentísimo, que es lo mejor de América Latina, mire lo que da.

RB: - Eso que usted acaba de decir es muy importante, porque aparte de la inteligencia, lo que se necesita es el criterio. Y otra cosa es que tuvo muy mala prensa durante todo el siglo XX, intencionalmente desprestigiada, y que se llama prudencia. La palabra prudencia, fue presentada durante todo el siglo XX como sinónimo de reaccionario. El prudente era forzosa y necesariamente el reaccionario y, entonces, como no podía ser de otra manera, el protagonista principal del siglo XX fue el tilingo. Hitler es un criminal, lo que usted quiera, pero es un tilingo; Mussolini es un tilingo. Está bien que hubo dictadores y muy crueles y que no adolecían precisamente de esa terminología. Yo diría que Antonio de Oliveira Salazar no era un tilingo y sin embargo sí era nefasto.

La calle fue vencida y fascinada, padeció la fascinación del macaneo, de la gesticulación, de los incendios de la lengua. A través del habla, la inmensa mayoría de los políticos que no transforman la realidad, la transforman verbalmente, y a veces logran consenso, acompañamiento. Durante el siglo XX hubo una enorme cantidad de ellos que tuvieron apoyo masivo. Hay que acordarse de que, tanto Mussolini como Hitler, cuando subieron al poder en su momento por elecciones libres, uno de ellos tuvo más del 60%, y el otro también. O sea que los dos más o menos tuvieron entre el 50 y 60% de los votos. Entonces el hecho de que un individuo tenga apoyo en un momento determinado, no le quita la irresponsabilidad de ciertas cosas. En las medallas de plata del siglo XVIII, donde en unas de las caras estaba la cara del rey o reina que gobernaba, en el canto, en latín decía: "Justicia y prudencia". Sin prudencia no se puede administrar, no se puede garantizar el ámbito de mi libertad, que tiene que estar acotado porque el de mi lado también tiene que gozar de esa libertad, y si yo tengo la libertad absoluta, el que está al lado no tiene ninguna. Se necesita mucho valor para cuando la gente adolece de una especie de enfermedad endémica como en nuestro país, de falta de prudencia, de decir y ser prudente. Porque hay un momento donde el compromiso es estar en contra de la corriente, si la corriente es nefasta.

BN: - Yo sólo lo interrumpo a usted cuando mi palabra puede ser mejor que el silencio...

RB: - En lo que se refiere a nuestra relación, debo decir que desde hace muchas décadas, usted me ha permitido expresar lo que yo quería y de la manera en que yo lo quería decir.

BN: - ¿Me deja contarle un cuentito que le va a gustar?

RB: - Cómo no.

BN: - Había una vez un chico de 18 años que llega al poblado y va a la pulpería donde se vendía pan. El pulpero lo reconoce y le dice: "*¿Vos sos el hijo de Anselmo?*". Y el chico que le responde que sí. "*Qué guapo era tu padre... ¡guapísimo! Recuerdo que murió acá, en un duelo criollo, con el Rafa. Dos paisanos muy valientes que se trenzaron... Lamentablemente, tu papá murió*". "*Pulpero, está usted confundido -interrumpe el chico- Guapa era mi madre que cuando él murió acá, ella tuvo que criar siete hijos*".

RB: - ¡Muy bueno!

•　　•　　•

La libertad es la obediencia a la ley
que uno mismo se ha trazado.
Jean Jacques Rousseau

BERNARDO NEUSTADT DIALOGA CON EUGENIO KVATERNIK*
(2004)

BN: - El sábado 7 de febrero de 2004 leí el reportaje que más tocó mi alma. Yo soy un argentino que no he perdido la facultad de asombro. Dicen que asombro tienen los niños, yo tengo 79 años y estoy lleno de asombro. El reportaje se lo han hecho a un pensador, a un politólogo, que nació hace 61 años en Croacia y desde muy pequeño se trasladó a la Argentina. Descendiente de militares y funcionarios públicos, con fantasías para imitarlos. El entrevistado, como no podía ser ninguna de las dos cosas, ni militar, ni funcionario público, optó por la cultura. Estudió Ciencias Políticas en la Universidad del Salvador y después realizó postgrados en universidades de Bélgica y Washington. Desde entonces alternó la docencia universitaria con la investigación y con frecuentes viajes a Europa. Él mismo se define como social cristiano liberal. No milita políticamente. Es docente investigador en la Universidad de Buenos Aires y en la Universidad del Salvador. Hasta el 2000 fue investigador del CONICET y Presidente de la Asociación Argentina de Análisis Político. Habla 6 idiomas y ha publicado los libros "Crisis sin salvataje", (¿será la nuestra?), "La crisis político-militar de 1962/63", y "El péndulo cívico militar y la caída de Illia". Profesor, ¿su apellido termina con K?

EK: - Sí, así es.

BN: - Porque la K está de moda en la Argentina, así que usted también está de moda.

* *Eugenio Kvaternik, Licenciado en Ciencias Políticas.*

EK: (se ríe) - Bueno, pero por motivos diferentes.

BN: - Estoy entusiasmado, porque en el año 1969 escribí un artículo que se llamaba *"En la Argentina el éxito es un fracaso y el fracaso es un éxito"*. Por si usted duda, tengo el artículo acá. Cuando veo que usted dice que en la Argentina llamamos éxito al fracaso, yo le pido que por favor me lo explique para ver si es por los mismos motivos que pensaba yo.

EK: - Mire, es muy sencillo. Si usted escucha alguien que rebuzna, piensa que es un burro, ¿verdad? Si escucha a alguien que relincha, piensa que es un caballo. Si ve un país que ha tenido dos guerras, una interna y otra externa, una hiperinflación, un default, y una hiper-devaluación, ¿cómo llama usted a eso?

BN: - Burro. ¿Y usted cómo lo llama?

EK: - Yo lo llamo fracaso. ¿Qué es lo que no ha tenido la Argentina en los últimos 25 años? Lo único que no ha tenido es una colisión externa. Es un país que no asimila ni metaboliza todas sus experiencias.

BN: - Sin embargo, nosotros creemos que estamos ocupados, porque el Presidente cada vez que habla, nos dice que la culpa la tiene el Fondo Monetario, España… Nos hemos pasado la vida así: echándole la culpa a los ingleses, a los europeos, a los militares.

EK: - Es la típica tendencia argentina de buscar chivos expiatorios para librarse de sus propias responsabilidades. Es una vuelta de tuerca más en esa tendencia nacional que es síntoma y causa del fracaso.

BN: - Ahora cuando uno cree que el éxito es un fracaso y el fracaso es un éxito, termina fracasando…, me imagino.

EK: - Sí. Obviamente. Pero como el ego nacional no nos permite admitir eso, entonces tenemos que disfrazar el fracaso en éxito.

BN: - Este es un diagnóstico correcto, por eso digo que estoy entusiasmado con usted. Ahora, ¿cómo se sale de esto? Si todas las generaciones están educadas en que si pedimos plata y no la devolvemos, la culpa es del que nos la prestó, ¿cómo hacemos?

EK: - Es un tema difícil. En algún momento pensé que tal vez la Argentina, a través de esas experiencias negativas, había roto definitivamente con el pasado. Nunca pensé que una experiencia como la que vivimos, como fue el golpe de Estado en contra de De La Rúa y de la devaluación, podría volver a pasar... Pero volvió. De manera que no tengo respuesta en ese sentido. Pensé que la Argentina había enterrado su pasado nefasto en los '90.

BN: - Usted que es profesor, ¿por qué no se puede aprender?

EK: ¿Cómo explica usted que la misma ciudadanía que hace 2 años decía "*que se vayan todos*", ahora está contenta con el "*que se queden todos*"?

BN: - Si me permite, le agregaría: ¿cómo se explica que Perón era plebiscitado y un poco después odiado; que en 1995 el señor Menem fuera elegido por el 52%?, ¿cómo se explica que de La Rúa tuviera 10 millones de votos y lo echaran sin piedad y hoy sea el culpable de todo? Usted me está llevando por un terreno que yo siempre manejo con cuidado pero con verdad. ¿No estará la causa en los de abajo en lugar de pensar en los de arriba?

EK: - Ortega y Gasset decía que ningún argentino sabe decir "*no sé*". Los argentinos saben todo y hablan de todo. Uno puede agregar que ningún argentino sabe decir "*me equivoqué*". Yo no entiendo a toda la gente que lo votó a Menem, que ganó 5 elecciones seguidas, ¿por qué no reconoce las cosas que hizo bien junto con las que hizo mal? ¿Nadie lo votó y además hizo todo mal? Con Frondizi pasó exactamente lo mismo y 40 años después lo descubrimos.

BN: - Yo tengo 79 años de los cuales la mayoría de mi vida la pasé en el fracaso, no en el éxito, porque lo viví así. Dije: "*La caída de un gobierno es un fracaso, la devaluación es un fracaso, el corralito es un* *fracaso".* No dije: *"¡Qué éxito!, devaluamos".* *"¡Qué éxito!, no le paga-mos a nadie".*

EK: - En el tema de la devaluación, es como si un ladrón le robara y después se presentara frente al mundo a defender sus derechos.

BN: - Ayer en una comida me preguntaron sobre cuáles fueron los años que se podían rescatar en que la Argentina empezó a comprender dónde quedaba el camino del Mundo. Les respondí que los años de Frondizi y los primeros años de Menem. ¿Usted me rectificaría?

EK: - Totalmente de acuerdo. Y le agrego algo más: los paralelos son tan grandes, que así como Illia se benefició con el esfuerzo desarrollista de Frondizi, el gobierno actual también se está beneficiando con lo que se hizo en la época de Menem.

BN: - ¿Cómo ubica usted el trayecto que estamos transitando ahora?

EK: - ¿En qué sentido?

BN: - Analíceme este momento argentino ¿Cómo lo advierte?

EK: - La Argentina tiene condiciones internacionales excelentes. Entonces la duda que uno tiene es por qué en el tema la deuda externa se busca a los culpables en otro lado y no aquí adentro. Me parece que es una retórica inconducente para transformar una coyuntura internacional favorable, en un impulso a largo plazo. Eso es lo que me parece. Además, la Argentina pretendió ser siempre un trasplante de Europa en América Latina. Y ha pasado todo lo contrario. Nos hemos deseuropeizado y nos hemos latino americanizado en el mal sentido. Entonces, evidentemente tenemos una izquierda latino americanizada. Aquí vino Castro a decir impunemente, frente a todo el mundo, que él nunca había exportado la revolución, lo hemos escuchado frente a la facultad de Derecho y además fue aplaudido por todo el mundo. Era un acto de cholulismo colectivo. Además lo dice, no porque está viejo, sino porque no tiene pudor. Él nunca agredió a nadie.

BN: - Usted decía en un reportaje que le hicieron en el diario La Nación que el intento de Menem fue como el de Frondizi, una modernización fallida. A Frondizi también se lo demonizó. En el caso de Menem, los hechos demuestran que ha habido casos de corrupción, pero algunos aspectos del país se modernizaron.

EK: - Eso está fuera de discusión, Bernardo. Cualquier persona que tenga sentido común, que haya vivido en esa época, que conozca un poco de historia económica y política argentina lo sabe. Es un tema donde no se hace el menor análisis.

BN: - Es tomarle el pelo a la gente decir eso, ¿no?

EK: - Hay todo un intento de rescribir la historia. Yo no tengo hijos, pero conozco padres que sí los tienen y me cuentan cómo se interpreta la década del 70.

BN: - Ahora, tenemos un Canciller, que lo conozco bien, que dice que en Cuba no se violan los derechos humanos. ¿Qué es lo que se viola en Cuba? ¿La libertad?

EK: - Si usted dice que en Cuba no se violan los derechos humanos, tampoco puede decir que en una democracia liberal se respetan. En Cuba no se violan, y en Europa y Argentina no se respetan.

BN: - Una encuesta de Galup, dice que el pueblo argentino está dentro de los 10 más optimistas del Mundo. ¿Será porque creen que el fracaso es un éxito?

EK: - Los argentinos son como esas personas enfermas que tienen grandes momentos de depresión y seguidamente tienen un gran momento de euforia. Depresión y euforia pertenecen a la misma constelación. El optimismo nacional de este momento a mí me hace acordar a esto, al enfermo que sufre de depresión y está viviendo un momento de euforia, pero que puede volver a la depresión en cualquier momento.

BN: - Hemos celebrado hace poco 20 años de democracia con gran júbilo. En esos 20 años de democracia hemos tenido un Alfonsín que se fue antes de tiempo, cuatro presidentes en menos de un fin de año, otro presidente que lo echaron con un golpe civil, tampoco cumplió su mandato. No entiendo qué celebramos.

EK: - No se celebró eso. Lo que se celebró fue la caída de De La Rúa y no la vuelta de la democracia. Digámoslo en términos de un gran pensador francés llamado Alexis de Tocqueville: *"los argentinos tenemos más pasiones revolucionarias que pasiones democráticas"*. Como expresión de esto, hemos celebrado la caída de De La Rúa y no el retorno a la Constitución. ¿Usted vio algún acto donde se celebró el retorno de la Constitución? Yo no he visto ninguno. Y sí vi el acto piquetero celebrado el 20 de diciembre.

BN: - En estos momentos estamos celebrando la democracia de la soja.

EK: - Así es.

BN: - Observe este pequeño dato. A nosotros, hace muchos años nos contaron en la cuna que éramos el mejor país del mundo, que teníamos las mejores mujeres, la mejor carne, el mejor cielo, la avenida más ancha, más larga, ¿se puede ser exitoso en un país fracasado?

EK: - Eso es cierto, pero uno lo puede dilapidar. Las herencias se dilapidan también.

BN: - Un país embargado en el mundo, ¿puede decir que es un país soberano? Un país que, según los asesores del Presidente puede vivir con lo nuestro, ajeno al mundo.

EK: - Esa es una tendencia de nuestra historia nacional. Pasó después de la crisis del 30 y, sobre todo después de la Segunda Guerra Mundial, que la Argentina tiene impulsos de tipo autárquico y éste es uno de ellos. Es una vuelta de tuerca a esa tendencia. Queremos integrar el mundo, y en parte a veces por culpa del mundo y en parte por culpa de nosotros mismos, después decidimos enfilar para el lado contrario al que anhelábamos, en vez de persistir en la senda y sacrificarnos. Un ejemplo emblemático es lo que le pasó a López Murphy cuando fue Ministro de Economía de De La Rúa. Era la única persona que llamó las cosas por su nombre, duró quince días en el Ministerio y fue echado por Franja Morada.

BN: - ¿Por qué se puede ser de izquierda y no se puede ser liberal en la Argentina? ¿Es un pecado?

EK: - Es la moda actual. En la época de Menem el liberalismo tenía buena prensa. Lo difícil es persistir en las cosas que uno cree. Hay gente que cree siempre en lo mismo, aún en las malas circunstancias. Los argentinos no creemos en eso. Fíjese el fracaso de la convertibilidad. López Murphy quiso tomar algunas medidas para reducir el gasto público, ahorro fiscal, acabar con algunos privilegios. La convertibilidad exigía un comportamiento fiscal austero. Los argentinos y el Gobierno se dedicaron, a partir de la reelección de Menem, y del clientelismo nacional y de los gobernadores, a gastar más de lo que podíamos y eso terminó en el fin de la convertibilidad. Esa es una tendencia típicamente argentina del conflicto, por el cual tenemos ciertos objetivos, pero usamos medios que no conducen a esos objetivos sino que los destruyen. No nos olvidemos de esto, Bernardo: todo el mundo estaba a favor de la convertibilidad, la Alianza también lo estuvo, Chacho Álvarez lo estuvo, Duhalde también... Y ahora se la denosta. Jorge Remes Lenicov sacó unos meses antes un proyecto de convertibilidad fiscal, del cual él se vanagloriaba, y ahora se vanagloria de haber devaluado con éxito en un lapso de un año.

BN: - ¿Sabe por qué lo recuerda con éxito? Porque está en Bruselas, así es muy fácil. Ese es el premio que le dieron: lo mandaron a Bruselas al Mercado Común Europeo donde no hay nada que hacer.

EK: - Yo respeto a la gente que estaba en contra de la convertibilidad... Pero, ¿cómo puede ser que una persona que estuvo a favor de la convertibilidad seis meses antes, después se olvide de esa actitud?

BN: - Según el profesor Kvaternik, en la Argentina llamamos éxito al fracaso y según el profesor, quienes descalifican todo lo ocurrido durante la década del '90 están tomando a la ciudadanía por tonta. ¿Le puedo hacer las últimas preguntas? Le estoy robando su tiempo, pero por ahí le robaron más en los Bancos, ¿no?

EK: - No sufrí el "corralito"...

BN: - ¿Usted no cree que con Kirchner se termina al peronismo?

EK: - La Argentina en vez de tener un partido fuerte de izquierda y fuerte de derecha, tiene el peronismo que cumple la doble función, a veces es de izquierda y a veces es de derecha. Kirchner responde a una cierta tradición peronista, que no me parece mayoritaria y que nunca se expresó en parte en el primer Perón, sobre todo en el gobierno de Cámpora, que fue un gobierno efímero. Siempre existió algo así como la izquierda peronista, pero si con eso se puede gobernar y es un proyecto de poder viable, ahí tengo mis serias dudas. No me parece que el peronismo esté terminado.

BN: - Pero, ¿es bueno que un país tenga un solo partido dentro del cual estén todas las tendencias del mundo?

EK: - Lo grave no es que haya un partido que la literatura llame dominante. Sartori, uno de los padres fundadores de la Ciencia Política moderna, dice que la alternancia como tal no es una necesidad de la democracia; lo que tiene que haber es la posibilidad de alternancia. Pero puede haber países, como por ejemplo los escandinavos, donde hay partidos que gobiernen 30 ó 40 años. Lo que es grave es que ese partido no tenga una identidad política clara, eso sí es grave; o que oscile como un péndulo de un lado al otro, eso sí es grave.

BN: - ¿Por qué a Chile le va bien y a nosotros mal?

EK: - América Latina siguió siendo América Latina y Chile es un país que se europeizó. Los chilenos son como los romanos en cuanto a que los romanos creaban instituciones y los chilenos también. Chile es un país con instituciones. Tiene además históricamente una tradición legalista muy fuerte. Incluso Pinochet es un dictador que se dio una Constitución -no ocurrió en ningún país del Mundo-, y entregó el poder. Eso es un signo de que hay un elemento en la cultura nacional chilena de respeto por las leyes, por la legalidad y ha sido un factor fundamental en el cambio profundo y en el éxito de la experiencia chilena. Además los chilenos, más allá de que estén revisando su pasado, sobre todo en el tema de los excesos en la lucha contra la subversión y los desaparecidos, tuvieron un acuerdo básico entre la derecha y la izquierda de no tocar los logros y mejorar las cosas que sí se podían mejorar. Nadie le recrimina a los ministros de economía de Pinochet las cosas que hicieron. La derecha chilena aceptó toda una serie de reformas en materia fiscal y laboral que fueron votadas por todos. Nosotros hablamos del Pacto de la Moncloa como el gran éxito español, pero tenemos una Moncloa del otro lado de los Andes de la que nadie habla.

BN: - Usted dijo muy bien que los partidos, las ideologías prometieron respetar los logros. Así lo hizo el franquismo y la izquierda. Así España salió de su espasmo. Y así lo hicieron en Chile. Respetaron los logros. Profesor, hay dos elementos que juegan un papel importante en la transformación de la democracia: las leyes y las costumbres, esos hábitos que hoy llamamos la cultura política. Usted afirmó en una entrevista que le han hecho que la Argentina es un país en el que las costumbres van en contra de las leyes. ¿Me lo puede explicar?

EK: - Lo menciono con el ejemplo de la convertibilidad, que fue una ley aceptada presuntamente por todos, y hemos tenido hábitos que han vulnerado la convertibilidad, como lo es el gasto público excesivo. Entonces, evidentemente la Argentina es un conflicto entre costumbres y leyes.

BN: - Volviendo al comienzo de la conversación, en noviembre de 1966, tenía la revista Extra donde escribí: *"No hagamos del fracaso una ciencia"*, reproducción de una frase de Sarmiento. El principio de autoridad no se asienta en mantener los fracasos, sino en sustituirlos por lo que sirve, porque frente al fracaso nadie se salva. Además en Argentina todos fuimos alguna vez impacientes.

EK: - Hay algunos que se salvan con el fracaso. Por ejemplo, los grupos económicos que perseguían la devaluación que licuó su deuda, y toda la clase política. Hay gente que se beneficia con los fracasos en la Argentina. Toda la dirigencia política y los grupos económicos que se endeudaron en dólares se benefició. No es cierto eso de que hay gente que no se beneficia.

BN: - En noviembre de 1967 yo escribía otro artículo que se llamaba: *"¿Cuándo vamos a entrar al siglo XX?"*. En él expresaba que la dádiva inmoviliza al dolor, lo compadece. Vivimos en una anestesia permanente. Lo que necesita la Argentina es una intervención quirúrgica. La ayuda es una manera prosaica de salvarse uno; el cambio es una excéntrica manera de salvar a los otros. ¿Coincide Ud.?

EK: - Sí. Así es. La Argentina es un país clientelista, prebendario, rentístico, donde la competencia, la emulación y la ejemplaridad no juegan ningún rol. Basta mirar a nuestros empresarios. Este es un país calvinista. Tuvimos el primer calvinismo que fue el de Galtieri, y después tuvimos el que todo el mundo se olvida que fue el calvinismo de Alfonsín, que fue el traslado de la Capital, eso fue un calvinismo incruento, y ahora tenemos una tercera versión que no sabemos si va a ser incruenta o cruenta.

BN: - ¡Qué lástima que no nos fuimos a Viedma!, ¿no? Muchas gracias por este diálogo, profesor.

• • •

> *El hombre superior es modesto en el hablar, pero abundante en el obrar.*
>
> **Confucio**

BERNARDO NEUSTADT DIALOGA CON MARIANO GRONDONA* EL 15 DE ABRIL DE 2004

BN: - Mariano Grondona, miles de recuerdos pueblan mi mente. Más de 20 años juntos. Cientos de noches en Tiempo Nuevo, con angustias, con persecuciones, con amores, con sueños, cuántos sueños pasaron entre nosotros. Creíamos que desde la televisión podíamos cambiar el país, y hoy estamos resistiendo para que no nos cambien a nosotros. Quince años que no estábamos juntos en la televisión. Permite que me emocione un poco, que es muy lindo. Nosotros nunca miramos la vida con la nuca. No hicimos televisión para divertirnos, hicimos televisión para ver si podíamos cambiar una mentalidad nacional y popular, que queríamos que fuera nacional y popular, pero en serio. Yo me considero un fracasado; no sé que piensa Mariano de él.

MG: - El consuelo para mí es pensar en la edad del país. Es decir, si este comportamiento nuestro fuera adjudicable a un señor de 40 ó 45 años, ya no tiene arreglo. Ahora, si lo aplicamos a un jovenzuelo de 14, casi es natural. Yo creo que somos un país adolescente. La Argentina tiene 200 años o más y, si empezamos con Juan de Garay, muchos más. Pero nosotros, como pueblo, tenemos un par de generaciones, somos muy nuevitos. Entonces tenemos esa inestabilidad nacional, propia de los adolescentes que un día quieren ser ingenieros, otro día quieren ser astronautas, y vos viste los cambios de humor. Nuestros humores duran un año o dos y giran violentamente. Que se

---

* Mariano Grondona, Doctor en Derecho y Ciencias Sociales. Columnista político del diario La Nación.

vayan todos, los votamos a todos. Hasta hace poco la luna de miel; ahora el fenómeno de la inseguridad, de Blumberg... Son cambios muy muy fuertes. Así que yo conservo mi esperanza. No sé si lo vamos a ver, ese es otro tema.

BN: - A mí me preguntan: "¿Vos tenés esperanza?". Y, soy creyente. Ahora, confianza, ninguna. ¿Cómo se hace?

MG: - La verdad, creí al principio de los '90 que estábamos encaminados. ¿Sabés por qué? Porque el plan de convertibilidad, que en su momento fue sensacional, tuvo tres veces el apoyo popular porque Menem ganó elecciones en el '91, '92 y '95 con ese plan. Cuando un país vota racionalmente en forma económica, ya está, sos Suiza. Pero el propio Menem se encargó después de adulterarlo con ese déficit fenomenal, con la reelección que no es una idea republicana, porque él quería reelección indefinida, como la tuvieron los gobernadores en Santa Cruz, en La Rioja, en San Luis y eso no es republicano y esa competencia con Duhalde, que los llevó a un gasto público enloquecedor, tanto en lo nacional como en lo provincial. Entonces la gente ahora cree que eso era el capitalismo. Entonces acá hay un gran malentendido. Es como un señor que se queda a trabajar y la mujer cree que salió con alguien. Hay un gran mal entendido. Creen que eso que tuvimos, el desempleo, la recesión, el despojo de los depósitos, todo lo que nos pasó, creen que eso es el capitalismo. ¿Cómo le explicas a una persona que eso no es el capitalismo?

BN: - Hablemos dos minutos de nuestra profesión, misión u oficio. Yo cada vez estoy más convencido de que es una misión, a lo mejor estoy equivocado... Estamos mal, ¿no?

MG: - Tenemos que hacer una gran autocrítica. Pero desde el punto de vista institucional el gran defecto de la corporación en general es acentuar los ciclos. Nosotros tendríamos que ser anti-cíclicos. Cuando viene alguien y hay luna de miel, el periodismo acentúa la luna de miel y todos son elogios. Ahora cuando ese mismo alguien empieza a tambalear, en lugar de tratar de moderar las cosas, razonar, ahí viene la burla, el sarcasmo y lo terminan de despedazar. Tenemos que ser al revés. Cuando alguien es muy fuerte, decirle: recuerda que eres mortal, no te sientas omnipotente; y cuando es muy débil, tratar de no dar más manija para que termine la cosa mal.

BN: - Cuando veo al Presidente convocando al rencor, que es convocar a la memoria que él tiene, una memoria hemipléjica...; cuando lo siento predicar el odio y provocarlo, me parece que es un terrorista de Estado. Es tan grave el arma como el pensamiento.

MG: - Yo creo que estamos en un momento muy interesante. Vos sos muy pesimista en cuanto a que esto puede convertirlo a Kirchner... Lo de Blumberg fue increíble.

BN: - Mariano, lo advirtió... Al presidente le vino gastritis por advertirlo.

MG: - Pero es buena la gastritis, porque revela que está en contacto con la realidad.

BN: - También nosotros tenemos úlcera provocada por algunos gestos del Presidente y no tenemos tantos cuidados. No voy a discutir políticas: quiere estatizar la Nación, que la estatice; quiere recomprar los teléfonos, que lo haga... Yo no voy a discutir. Veintidós de cada cien argentinos lo votaron y, según las encuestas, los encuestadores favoritos del Presidente le dan ochenta y uno. Hoy, El Cronista se anima a decir que bajó 15% después de la convocatoria de Blumberg. Pero no se publica eso, porque como bien sabrás, tenemos una libertad de prensa a medias...

MG: - Yo no sé... Así como tengo la teoría del país adolescente, también tengo la teoría del Kirchner reversible.

BN: - ¡Ojalá!

MG: - Y mientras tanto duermo mejor pensando que es reversible, sino voy a tener mi propia gastritis. Si yo pensara que este hombre es irreversible, ¡no puede ser! Porque el oficio de Presidente es un aprendizaje muy grande. Fijate cómo empezó Duhalde y cómo maduró. Nadie es irrecuperable. En los '70 unos y otros pensaban que el otro era irrecuperable. Me niego a pensar que es irrecuperable.

BN: - Creo que hacés bien en acostarte con Martín Luther King que tenía un sueño. Yo también tengo sueños... ¡cómo no los voy a tener!

MG: - Pero, ¿sabés lo que pasa Bernardo? Nosotros estamos en la generación del "qué bien estás; se te ve bien". Nosotros, los argentinos de nuestra generación, somos los precursores de otra Argentina que probablemente no veamos.

BN: - ¿Vos ves que la estamos creando?

MG: - No. Estamos haciendo todas las macanas que tiene un aprendizaje. El error tiene la función de enseñar. Nosotros estamos por recibirnos de sabios. La cantidad de errores que hemos cometido los argentinos en las últimas décadas es incomparable con nadie. Japón necesitó 2000 años para reparar algunos de los errores. Esto es una siembra, vos no ves la semilla, la acaban de enterrar. Pero va a salir Bernardo, va a salir.

BN: - He encontrado una frase que nos va a hacer mucho daño, pero que también nos va a hacer bien... Es de un Bernardo, pero no Neustadt. Es de Bernard Shaw que, hablando de nuestra profesión, oficio o misión dijo: *"Un joven alegre y afable, que está inhabilitado para los normales emprendimientos comerciales debido a una mala formación congénita que lo vuelve incapaz de describir con precisión cualquier cosa que mira o transmitir con exactitud cualquier cosa que escucha o ve, forzosamente se convierte en periodista".*

MG: (Se ríe) - Es buenísimo.

BN: - Es terrible. Me enteré, y me puse muy contento al saber que enseñás en un curso de Master en Periodismo. Yo creo que tenemos que tener un título habilitante. No podemos seguir con muchachos que tienen ganas de micrófono y de cámara...

MG: - Nosotros por fuerza no estudiamos periodismo, porque no había... Pero hoy día indudablemente deberíamos tener profesionales cada vez mejor formados.

BN: - A veces me pregunto porqué no imitamos los buenos ejemplos... A Rodríguez Zapatero, que asume hoy el gobierno de España, hace un año le dije que si tuviera que votar en España no sabría si elegirlo a él o a Rajoy porque no veía cuáles eran los cambios. En cambio, acá viene el señor Kirchner y hace todo lo contrario a lo que decía el señor Duhalde. Entonces la propuesta es: ¿por qué no miran a los países que siguieron en el ritual? ¿Por qué no van a Chile, a España? El artículo primero del Pacto de la Moncloa, me lo mostró Rodríguez Zapatero, dice que está prohibido revisar el pasado, discutirlo.

MG: - Yo creo que esa es la gran asignatura pendiente. Hasta que nos-otros no hagamos una mesa de la Moncloa en la que nos perdone-mos unos a otros, todos olvidemos lo que pasó y proyectemos el futu-ro, no hay país... Sólo serán gobiernos que se suceden y se contradi-cen.

BN: - Mariano, yo creo que el Presidente Duhalde cuando colocó la banda presidencial sobre el pecho de Kirchner, a lo mejor pensó que había puesto la banda en el pecho de Chirolita, y resulta que no. Ahora, la gente piensa que al final Duhalde era un estadista al lado del presidente actual.

MG: - Una vez le dije yo a Duhalde: "*Usted es el político que mejor disi-mula su inteligencia*".

BN: - ¿Lo entendió?

MG: - Sí. Y se rió. Porque viste que todo el mundo lo tomaba como de segunda, de quinta, y se bajó unos cuantos de primera ya. Creo que es un hombre que está subestimado porque no responde al patrón nuestro... Frondizi era inteligente.

BN: - Fue lo más inteligente que conocimos.

MG: - Y entonces viene este hombre, casi te diría común, pero yo creo que disimula su inteligencia. Su deporte preferido es el ajedrez. Y creo que Menem lo despreció, y se lo dije una vez a Menem. Lo despreció a un punto tal que generó el odio que fue una de las grandes causas de todas nuestras desventuras... No se dio cuenta de que este hombre tenía capacidad política. Es como si te dijera que a veces el ingeniero agrónomo sabe menos de campo que el campesino. Porque en muchos casos, el campesino es astuto, por ahí no lo dice pero sabe. Ojo con este hombre, yo creo que es interesante desenterrar la inteligencia que oculta.

BN: - ¿Ves algo nuevo como para tener la esperanza confirmada y la ilusión entera y fresca? ¿Ves algo en el futuro que no sea peronista o radical?

MG: - Borges decía que los peronistas eran incorregibles, y yo le agrego que, además son inevitables.

BN: - Uno de los candidatos me decía que no sabía si salir con la gente nueva o arreglar con el aparato. Yo le dije que si arregla con el aparato llega a ser Presidente, pero no a gobernar.

MG: - Creo que los peronistas tienen que aprender a ser republicanos. No son republicanos, son demócratas.

BN: - Quieren la elección, no la selección

MG: - No creen en la división de poderes. Yo le decía a Menem una vez: *"Usted cuando dio en la facultad la materia de derecho constitucional, bochó la bolilla que trataba la división de poderes"*. Nunca pensó que había otros poderes aparte de él.

BN: - Mariano, cuando leés los diarios y te das cuenta de lo que está pasando con la gente joven: sobre 1500 que se anotan entran 300 a la facultad de medicina, 100 a la facultad de ciencias económicas, ninguno a la de astronomía. ¿Cómo hago para tener fe en lo que viene?

MG: - Acá estamos enfermos de "*cortoplacismo*" y la educación es de largo plazo por definición. Ahora, no somos capaces de generar políticas de estado porque falta la Moncloa, entonces cuando viene el nuevo, deshace lo del anterior. Y así cada mañana empezás de nuevo y la educación es un caso típico de continuidad a lo largo de las décadas y la hemos perdido.

BN: - Mariano, vos y yo, hemos visto trasladar el cadáver de una mujer muerta por toda Europa, vimos tirar los monumentos de Perón, borrar las calles de Perón, vimos tirar tantas fotos, tantos monumentos, que después se volvieron a poner...

MG: - Ahora están con Aramburu, que le quieren cambiar el nombre. Somos nuestros propios enemigos.

BN: - ¿A vos te cuesta mucho opinar sobre el pueblo argentino? A mí no. Yo creo que cada uno de ellos los Kirchner, los Menem, los Duhalde, con sus virtudes y sus defectos, representan el pueblo argentino... ¿Viste "*La Pasión de Cristo*"?

MG: - Sí.

BN: - ¿Te diste cuenta de que trabajaba un argentino?

MG: - No.

BN: - Sí. Trabaja Pilatos.

MG: (Se ríe) - No me había dado cuenta...

BN: - Pilatos se la pasa lavándose las manos. Hay una clase media argentina que la tocás cuando le matan un hijo. Ahí sale a la calle. También cuando le tocas el bolsillo... Pero después..., hasta creo que coquetea con la izquierda para estar en la modernidad. Esa clase rica que era rica en opiniones, en pensamientos, en dar la cara, no está más...

MG: - Si uno tiene que elegir lo principal que nos falta es la mesa redonda donde se sienten todos, se perdonen y generen un proyecto. Bernardo, hay una parábola maravillosa en el Evangelio que es la del hijo pródigo. Viste que un padre tenía dos hijos. Uno era una pinturita y otro pide su parte de la herencia. La madre había muerto y sale al mundo y hace macana tras macana tras macana. Un día se levanta, pega la vuelta y vuelve a la casa del padre. Ahora, qué habían pasado años: la línea a la vista era de deterioro creciente; la línea que no se ve era de aprendizaje por lo que estaba haciendo, y un día ese aprendizaje florece y se produce el milagro. No es un milagro, es la acumulación de la conciencia progresiva de los errores que un día aflora. Como vos vas a vivir 100 años, lo vas a ver. La mejor felicitación que recibí por la operación que me han hecho recientemente fue la de Carlos Alberto Montaner. Me mandó un e-mail donde me decía: "*Mariano te deseo tanta vida como haga falta para que el Peronismo se modernice*". De esa forma, me está deseando la eternidad.

BN: - Una vez entrevisté a un economista pensante que gobernó en Portugal 40 años como dictador. No conocía la Argentina, pero me dijo que creía que nosotros no íbamos a llegar nunca a nada. ¿Por qué? Porque tenía la sensación de que los argentinos siempre prefieren estar mejor que ser mejores.

MG: - Es una buena reflexión.

BN: - A mí me molestó. Pero pasó el tiempo, miro el cielo y le digo: "*¡Cuánta razón tenías!*". Por eso digo, alguna vez también hablaremos de esta sociedad tan cambiante. La clase media argentina con Menem era la locura, podía comprar el auto, la casa..., no le importaba si era o no corrupto. Porque Menem no arrancó como un santo. Y le dieron el 52% de los votos.

MG: - Cuando estudiaba en España había estudiantes de otros países. Una vez presencié una discusión muy divertida entre un inglés y un italiano. Muy enojado, el inglés, le dijo: *"¿Ustedes cuántos habitantes son?"*. *"Cincuenta millones"*, le respondió el italiano. *"No -replicó el inglés- ustedes son 100"*. *"¿Cómo 100?"*. *"Claro, porque 50 millones fueron fascistas y 50 juran que jamás fueron fascistas. Ustedes son 100"*. Bernardo, el antimenemismo, sumado al menemismo no da 37 millones, da 74.

BN: - ¿Podrías hacer un análisis sobre el capitalismo?

MG: - El capitalismo auténtico elimina la pobreza. Yo creo que esto es lo que legitima un sistema económico. Eliminar la pobreza, no vivir de ella.

BN: - ¡No usarla! ¿Cómo vas a hacer que la gente que está recibiendo la plata por no trabajar, trabaje?

MG: - Eso afecta mucho al sistema político, porque se crea el clientelismo. Hay pocos votantes independientes porque o son empleados públicos o reciben planes de jefes y jefas... Queda poca gente en esa clase media que vos decís que está tan escuálida...

BN: - Permitime que te acerque las palabras de un pensador chileno, que hoy es parlamentario checo: Mauricio Rojas. Escribió un libro que empieza muy bien porque todo lo que es ironía es muy bueno. Dice: *"Hay países que son ricos. Hay países que son pobres. Hay países pobres que se vuelven ricos. Y después está la Argentina"*. Cambiando de tema, vos estuviste muy cerca de Blumberg, un hombre desconocido, en la soledad, puede juntar 100 ó 200 mil personas que no puede juntar ni Kirchner, ni nadie. ¿Cómo es él?

MG: - Hay una frase famosa, que creo que es de Niestche, que dice: *"Nada hay más poderoso que una idea a la que le ha llegado su tiempo"*. El tema no es tanto que Blumberg pueda tener el plan milagroso de la seguridad, el tema es que la gente quiera que se ocupe de ella.

El fondo es: ocúpense de nosotros y no de la interna.

BN: - En respuesta, le nombran a Arslanian: el retorno de lo que fue causa del trastorno.

Yo creo en las garantías, no en los garantólogos o derechos hemipléjicos.

MG: - Como decís vos, todos somos garantistas. Queremos garantías para todos, a la derecha y a la izquierda. Pero lo que veo, lo que le pasa en general a los garantistas, a Zaffaroni por lo pronto, es que creen que el delincuente es víctima del sistema capitalista. Entonces, si el delincuente es la víctima, Axel era el victimario, no los que lo mataron. Ahora si uno tiene esa ideología, nunca va a reprimir la delincuencia. Hay ciertos bloqueos ideológicos que les impiden resolver el tema de la seguridad. Uno es el odio por el uniformado y otro es que la víctima es victimario y el victimario es víctima.

BN: - Mi querido Mariano, ¡gracias! Juntos hemos navegado por una Argentina que siempre fue difícil: para nosotros, para el país, para todos. Tengo una noche emocional que quiero terminarla con Carlos Álvarez Teijeiro, que se le ha ocurrido ser profesor de ética... Escuchemos a este gallego que viene a enseñar ética a la Argentina.

MG: - Muchas gracias Bernardo.

Carlos Álvarez Teijeiro: - El agradecido soy yo. Recordaba un artículo del doctor Grondona en La Nación en el que él citaba una anécdota de Chesterton en la que, mientras estaba realizando un viaje el ama de llaves le preguntaba adónde viajaba, él le decía que a Londres. El ama de llaves le decía que no podía ser, porque ya se encontraba en Londres, a lo que Chesterston respondió que efectivamente, uno viaja siempre para volver. Y a mí me alegra el haber sido testigo de este viaje que la vida, de alguna manera, ha hecho que ustedes dos hayan vuelto a encontrarse en estas circunstancias. No quisiera hablar tanto de la realidad política ni la realidad de los medios. Quisiera terminar con algo que también contó el doctor Grondona que es la parábola del hijo pródigo. Recomiendo un libro: "*El regreso del hijo pródigo*", del sacerdote Henri Howen. Él dice que tendemos a identificarnos fundamentalmente con el hijo pródigo. Nunca se me había ocurrido pensar la visión del doctor Grondona de que hay un aprendizaje, pero nos resulta mucho más fácil identificarnos con ese personaje. Todos hemos cometido muchos tipos de errores, todos hemos vuelto, todos hemos aprendido, pero lo que plantea el autor meditando sobre el cuadro de Rembrandt, es que empieza a identificarse mucho más con la figura del hermano bueno y dice: es cierto que todos hemos cometido muchos errores en la vida, pero en el fondo, a quien más nos parecemos es al hermano bueno. Creemos que en el fondo hacemos las cosas bien. Nos molestamos cuando alguien de alguna manera vuelve... Y termina esa gran meditación, asegurando que en el fondo, con quien nos tendríamos que identificar es con la imagen del padre. En eso estoy de acuerdo con el optimismo y la esperanza. Si el padre espera y sigue esperando que el hijo pueda volver, es porque en el fondo siempre ha estado dispuesto a perdonar. Yo creo que sí, qué la Argentina tiene que esperar. Puede esperar, puede estar abierta al futuro..., porque el perdón tendría que tener un lugar mucho más decisivo que el que tiene en estos momentos en nuestra vida pública.

BN: - Gracias Carlos Álvarez Teijeiro. Una maravilla ¿no? Qué lindo es hacer una televisión blanca en un tiempo tan oscuro ¿no?

•   •   •

*Entre menos piensa el
hombre, más habla.*

Montesquieu

**BERNARDO NEUSTADT DIALOGA CON
SERGIO BERESTEIN*
EL 20 DE ABRIL DE 2004**

BN: - Me hablaron maravillas de un argentino, y para que los argentinos hablen maravillas de un argentino.... Me refiero a Sergio
Berestein. Buenos días, profesor.

SB: - Gracias por llamar.

BN: - Hablan bien de usted, en la Argentina, que no hablan bien de
nadie.

SB: (se ríe) - No me conocen todavía.

BN: - No, lo han escuchado. Con eso alcanza a veces, ¿no? Usted es...
¿cómo se dice politólogo o politicólogo?

SB: - Es lo mismo. Cientificista político tal vez sea la traducción más
adecuada. Usted sabe que la palabra la inventaron los europeos y
luego la reinventaron los americanos después de la Segunda Guerra.
Esta es una disciplina que surgió justamente vinculada a la cuestión de
la seguridad y a la cuestión fundamentalmente de cómo hacer para
que los Estados, que son elementos fundamentales en la civilización,
no terminen abusando o violando los derechos de los ciudadanos. Es
una cuestión que ocurre desde que tenemos Estado, desde el siglo XV.
Lo que hago, tratando de representar la tradición de la ciencia políti-

---

* Sergio Berestein, analista político.

ca, es justamente entender estos procesos y lo que implican tanto en el ámbito internacional como doméstico.

BN: - Como usted comprenderá, más o menos conociéndome, soy muy burro, entonces quiero saber para mí y para el público que nos escucha, ¿usted está diciendo que la seguridad se inventó contra el Estado?

SB: - No, digo que los Estados se inventaron para garantizar la seguridad de los ciudadanos.

BN: - ¿Pero seguridad contra quién?, ¿contra ellos? (Se ríe).

SB: - Usted sabe que al final de la Edad Media, allá por el siglo XIV y XV, ocurrió algo nuevo, y es que aparecían fuerzas militares que tenían capacidad de vencer a los reyes feudales, que hasta ese momento habían garantizado la seguridad de las personas, que no eran ciudadanos, porque no tenían derechos, pero si de quienes vivían en sus feudos. A partir de ese momento se hizo necesario tener ejércitos con la capacidad de defender justamente los territorios. Esconderse en una pequeña ciudad con un muro no era suficiente porque había tecnología para destruir esos muros. Así surgieron las naciones unificadas, primero con reyes feudales y más adelante Inglaterra en el siglo XVII, y luego a partir de la Revolución Francesa. Poco a poco en toda Europa se constituyeron los Estados naciones. Entonces, en primer lugar la idea era garantizar la territorialidad, la soberanía frente al territorio, justamente para evitar las invasiones externas.

BN: - Era frente a lo que podía venir de afuera. Ahora, ¿hay alguna manera de tener alguna seguridad cuando usted elige un gobierno para que no se apoderen de nosotros?

SB: - El problema allí es cómo uno pone límite a que el Estado, justamente por garantizar la seguridad, no viole los derechos de los individuos. Le pongo un ejemplo que es muy doloroso para todos los argentinos pero tiene que ver justamente con este dilema que fue el

Proceso de Reorganización Nacional, porque los militares que tomaron el poder en el ´76 no sólo lo hicieron por el vacío que había generado la muerte de Perón y el desgobierno de Isabel, sino fundamentalmente porque ellos veían en los movimientos guerrilleros, subversivos de la Argentina, un capítulo nacional de una guerra internacional. Veían que los montoneros estaban jugando el juego que otras guerrillas del mundo representaban detrás de una bandera que implicaba la destrucción del orden establecido hasta el momento. Entonces no era una cuestión de política interna, de desgobierno, inflación, violencia, sino también se jugaba una cuestión de supervivencia del Estado. Lo que ocurrió es que justamente para garantizar la supervivencia del Estado, de la Ley, -porque ese fue el motivo por el cual los militares hicieron el golpe- violaron todas las leyes, abusaron de su capacidad justamente para garantizar la seguridad.

BN: - Ya que me está tomando examen, a ver si aprendí. Sucedió que, persiguiendo a los antropófagos, se los comieron.

SB: - Exactamente.

BN: - Eran antropófagos también.

SB: - Y eso ocurre muy a menudo, lamentablemente. El Estado abusa de su autoridad. Por ejemplo: expropia los depósitos de los ciudadanos. Eso nos pasó varias veces en la Argentina.

BN: - Usted es joven así que no se queje tanto. Tiene menos experiencia.

SB: - Fíjese que con el Plan Bonex ya me agarraron. Entonces, esto no es menor, porque si el Estado que es el que tiene que garantizar la ley, la viola, estamos en serios problemas. ¿Me explico? Por eso es muy importante que los ciudadanos nunca se relajen, que estén siempre, siempre alertas, porque puede pasar, siempre puede pasar.

BN: - Los americanos, cuando todavía eran colonia, vieron lo que pasaba, hicieron una rebelión fiscal y eso los llevó a la democracia.

SB: - Exacto. Tocó otro punto que es central y es que en nuestra tradición democrática, los ciudadanos no se ven a sí mismos como contribuyentes, se ven a sí mismos con derechos. No se ven ciudadanos con obligaciones, ni tampoco tienen noción de la importancia de la cuestión fiscal. Esto es central. Nosotros pedimos que el Estado nos dé cosas, pero no nos preguntamos cómo las va a financiar. Por ejemplo, pensamos que la educación pública es gratuita, y no lo es, alguien la paga: la pagan los contribuyentes.

BN: - La salud tampoco.

SB: - Tampoco. Todo se paga y si se paga mal, es de mala calidad. Entonces desde ese punto de vista, la noción de que el ciudadano es fundamentalmente un contribuyente que tiene derechos y obligaciones, y que el Estado una de las formas de expropiación que tiene es aumentando de manera desmedida la carga fiscal, cosa de la cual también los argentinos somos víctimas, desde ese punto de vista, nuestra democracia es trunca.

BN: - Señor profesor de la Universidad de Santander, ¿me deja hacer una interrupción? Yo creo en las leyes. Las leyes no son ni duras ni blandas, son leyes. Hay leyes más débiles. En el caso del impuesto, me imagino que mi contribución va para que podamos mantener hospitales, seguridad, educación, todas esas cosas ¿no? Ahora, nos falta seguridad, nos falta educación, y además se dictan leyes secretas por las cuales cobran sobresueldos los que nos tienen que administrar, leyes secretas que son legales, le vuelvo a repetir. Ellos mismos se dan leyes para ellos. Es decir, usted los elige un día para que mejoren nuestra vida, y en realidad mejoran la vida de ellos. ¿O no? Entonces, ¿usted sigue contribuyendo?

SB: - Yo creo que hay que seguir contribuyendo. Por supuesto que uno siempre tiene el derecho de declararse en rebeldía, lo que pasa es que en ese sentido si lo hace solo lo veo mal. Si se declara en rebeldía como lo hicieron las 13 colonias en el siglo XVIII en los Estados Unidos, coordinadamente, entonces tienen posibilidad de modificar algo. Yo le quiero decir que pagar impuestos es el costo de la civilización. La civilización también cuesta, y uno no lo logra a menos que pague por eso. Ahora si el Estado administra mal, se han inventado en otros países procedimientos para controlar lo que hacen las autoridades, y eso se llama política de transparencia. Hay una ley, que está bloqueada en asuntos constitucionales del Senado, que preside la senadora Kirchner, una ley que se llama ley de libre acceso a la información, que tiene media sanción. Es la ley que posibilitaría que usted, poniendo un amparo, obligue a que todas las leyes secretas salgan a la luz. Es una ley que hace pública toda la información que produce el Estado. Usted sabe que es imposible muchas veces conseguir información clave porque se traba en la burocracia. Con esta ley, tendríamos los ciudadanos el instrumento necesario para conseguir que el Estado deje de ser un lugar opaco, donde justamente hay posibilidad para que haya leyes secretas y cosas aún peores.

BN: - Estos famosos gastos reservados, son reservados para ellos. ¿Se acuerda?... No, usted era chico, iba a una confitería, a un reservado, un lugar donde iban las parejas.

SB: (se ríe) - Me han contado cosas muy interesantes de esos lugares. Estaba el lugar familiar y el reservado.

BN: - Yo le pido, para que no tenga problemas que, cuando nombre una comisión, no mencione quién la preside. Esos temas no se tocan. Le digo porque tengo experiencia. De eso he hablado..., déjeme pensar, con seis presidentes en diálogos en televisión y en privado. Les he preguntado: ¿Por qué no terminan con la lista sábana? ¿Por qué no hay una transparencia? ¿Por qué no hay una reforma del Estado que nos permita ver lo que está pasando dentro, como una caja de cristal? ¿Por qué no reforman el sistema político, donde no sabemos cómo se financian? Me respondían: "*Tranquilícese, más adelante, más adelante. Ahora estamos arreglando la economía, la educación*". No arreglaron ni una cosa ni la otra. Le digo, porque sobre eso luché. ¿Cuántos años hace que esa Comisión no resuelve estos problemas? ¿Usted cree que es casualidad?

SB: - No, no. Por supuesto. Esto ya está estudiado en el mundo. La democracia se mejora con más y mejor democracia. Es el Congreso el que tiene que aprobar las leyes; es el Ejecutivo el que tiene que implementarlas; es el Poder Judicial el que tiene que controlar la constitucionalidad de lo que se aprueba. Eso se llama República. Está probado que funciona cuando los poderes son independientes, cuando hay controles mutuos, y cuando la ciudadanía participa. Yo creo que en ese sentido hay una responsabilidad compartida, porque los ciudadanos tendemos a delegar la facultad en los representantes, eso dice la Constitución.

BN: - Profesor Berestein, la sensación que yo tengo cuando llego a países más o menos democráticos y republicanos, es que ellos eligen a un servidor, si usted quiere le puede decir sirviente. Y acá tenemos la sensación de que ellos nos toman por sirvientes a nosotros. Creemos en esa cosa del poder. Les damos todo el mandato, les pagamos su Casa Rosada, su casa de Olivos, a todos ellos les pagamos sus cuotas de auto, la nafta, todo lo que sea necesario para que nos administren, nos cuiden y nos protejan, y ellos se cuidan así mismos. Es decir. Usted pinta un cuadro ideal: ésta es la democracia, ésta es la república, éste es el Estado, y ahí quería hacerle una pregunta, nosotros solemos confundir el Estado con el Gobierno. Cuando era chico, a mí me parecía que el Estado era yo, no ellos.

SB: - Tal cual. Eso es muy común en América Latina porque los Estados son demasiado débiles.

BN: - Nosotros somos débiles.

SB: - Las autoridades políticas del momento tienden a capturar las administraciones públicas, las agencias de regulación, en el sentido de que ponen gente, a veces calificada, a veces no, pero que asume el rol como si esas agencias, esas instituciones le pertenecieran. Ponen gente, sacan gente, hacen lo que quieren, y no hay continuidad de lo que se llama servicio civil. En los países más serios, donde el Estado es fuerte, las autoridades políticas tienen que tomar decisiones para respetar los derechos anteriores. La burocracia es fundamental para que el derecho se aplique. Son los que conocen el derecho, son las autoridades de aplicación. Entonces es clave que haya continuidad, estabilidad y calidad de los recursos humanos. El problema nuestro es que tenemos un Estado que independientemente de cuánto gaste, lo hace muy mal. Independientemente de cuántos empleados tiene, no los entrena, no los motiva para que sean cada vez mejores. En ese sentido también hay conocimiento en el mundo de que los empleados públicos pueden trabajar igual o mejor que los empleados privados, simplemente tienen que tener la motivación y los incentivos como para motivarse a sí mismos y mejorar sus organizaciones.

BN: - ¿Le puedo hacer una pregunta fatal? Frente a todo esto que usted lo plantea como un ideal, el deber ser argentino, ¿no tendríamos que barajar y dar de nuevo? Mire la forma en que tenemos que elegir. Un día se juntan cuatro o cinco señores y dicen el candidato es un día Kirchner, otro día es Duhalde o Rodríguez Saa, ¿Dónde interviene la gente en eso?, en votar nada más. ¿Por qué no damos cartas otra vez para hacer esa democracia republicana? Yo no sé si la Argentina es una república. Es una democracia porque vota. ¿Usted está seguro que vivimos en una república?

SB: - No, lamentablemente ese es uno de los grandes problemas. Tenemos que hacer todo al mismo tiempo. Tenemos que hacer una república, construir una democracia, que tienen dinámicas distintas y a veces contradictorias, pero sobre todo tenemos que construir el Estado y una economía de mercado bien dinámica e integrada al mundo. O sea que lo que Estados Unidos logró en más de dos siglos nosotros, con la ansiedad que tenemos, lo queremos hacer en dos años, y eso es imposible.

BN: - Le doy un ejemplo típico. Me levanto y me acuerdo siempre de las palabras que dijo el Presidente: "Vamos a hacer un país en serio, transparente". Le voy a contar un cuentito chiquito: a veces como en un restaurante italiano. Su dueño, siempre me dice que añora Milán, Roma, Venecia. Cuando le pregunto por qué no regresa a su país me dice que no, porque en Italia no puede hacer lo que quiera... ¿Me comprende?

SB: - Sí. Hay una tradición de incumplimiento de la ley, abuso de autoridad, clientelismo, nepotismo.

BN: - Un hombre como usted ha de tener sueños, confianza de que vamos a empezar desde abajo a cambiar cómo se elige... ¿Usted cree que vamos a hacer eso?

SB: - No tengo la menor duda, Bernardo. Ayer tuve la oportunidad de compartir una fiesta de la humanidad, que fueron los diez años de democracia y libertad en Sudáfrica. Usted sabe que allí el liderazgo sufrió persecuciones, por supuesto cárceles, una política que implicó que la sociedad básicamente estaba dividida en castas, y los negros y los pueblos originales estaban totalmente fuera de la sociedad. Esa sociedad hoy protagoniza la experiencia democrática más impresionante y emocionante que yo tenga memoria, y en diez años es un pueblo que está reconciliado, donde todos trabajan juntos por el futuro.

BN: - Blancos y negros.

SB: - Blancos y negros. Cada vez hay más blancos que votan al partido negro. Las últimas elecciones son increíbles en ese sentido, porque ponen de manifiesto que ya se superó esa ruptura, esa división tan terrible por el color de la piel. Esto tiene que ver con una sociedad que maduró sufriendo, también desde un dolor muy intenso y comprendiendo que lo único que ayuda a que las sociedades progresen es el trabajo en conjunto, en equipo y converger hacia los estándares de calidad institucional, organizacional que existen en el mundo.

BN: - Profesor, ¿me permitiría que todas las mañanas lo llamara para darme la confianza que perdí y la esperanza que todavía tengo?

SB: - A sus órdenes Bernardo.

• • •

*La democracia es el proceso que
garantiza que no seamos gobernados
mejor de lo que nos merecemos.*

George Bernard Shaw

BERNARDO NEUSTADT DIALOGA CON PABLO GONZÁLEZ BERGÉS* EL 19 DE ABRIL DE 2004

BN: - En la Argentina que vivió Pablo González Bergés, la palabra de honor, el compromiso, honrar la deuda era casi una obligación. La Argentina tenía, en ese sentido, resuelto su problema de honor. Ahora tenemos no sé cuántos miles de personas en Italia, Francia, España, a quienes no le pagamos. Llegó una delegación a la Argentina, y al día siguiente los diarios, que son tan benévolos con el Presidente, dijeron que los bonistas se fueron llenos de satisfacción, felices por lo que habían conseguido. Hoy llega una información de Alemania asegurando que el Gobierno argentino falta a la verdad porque no le han ofrecido ninguna solución. ¿Por qué mienten? Buenos días don Pablo González Bergés.

PGB: - Buenos días.

BN: - ¿Es una costumbre en la vida del Estado mentir?

PGB: - En la Argentina parece que sí. Pero en general, no.

BN: - ¿Cómo eran ustedes?

PGB: - Era muy distinto. Yo he vivido en otra época en la que la palabra del Estado tenía valor, la palabra de los gobernantes tenía valor.

* *Pablo González Bergés, abogado, respetado político conservador, 90 años al momento de realizar la entrevista.*

BN: - Usted vio que ahora hasta jugando al solitario se hacen trampa. El Presidente gobierna con su mujer y algún amigo e igual cree que al país le va muy bien.

PGB: - Una cosa notable, que hay que tener bastante en cuenta, es que no se aplica la Constitución, ni las leyes, sino la ideología.

BN: - ¿Cómo es eso?

PGB: - Gravísimo. Nada es obligatorio para nadie si no lo establece la ley, y la Ley Suprema es la Constitución. Pero aplican la ideología. Usted ha llamado a este sistema presuntamente jurídico o tuerto. Y sí... Las normas valen para unos y no para otros, según la ideología.

BN: - Son los derechos humanos hemipléjicos.

PGB: - De modo que cuando se llamó a elecciones el año pasado, había la ilusión de que se reestablecían las instituciones. Que habría una transformación jurídica que significaba el imperio de las instituciones, de la Constitución. Eso no ha ocurrido. La justicia o es igual para todos o no es justicia. La justicia para unos y no para otros, según la selección del que la aplica, el juez, o el funcionario ejecutivo, no es justicia. Por eso aquí no la hay. El otro día un juez declaró una barbaridad. Declaró nulos los indultos. E inmediatamente aclaró que la anulación de los indultos era para los militares, no para los subversivos, no para los montoneros que quedaban indultados. ¿Qué le parece? ¿Eso es tuerto? ¡Es mucho más que tuerto!... Es un entuerto legal y constitucional gravísimo. Ese juez, en tiempos normales, merecería el juicio político y que lo separen del cargo, y aquí no ha producido mayor escándalo. Lo señalé en una carta de lectores que me publicó La Nación. Pero eso vale poco.

BN: - Usted sabe, mi querido Don Pablo González Bergés, que en la vida tenemos que tener cierta coherencia, porque el Presidente cree que cuando uno hace una critica, conspira; y en realidad uno respira la poca libertad de prensa que hay. Hacen un museo hemipléjico que le llaman de la memoria, yo creo que es de la mala memoria… ¿Qué edad tiene usted?

PGB: - ¡Una barbaridad! Tengo 90 años y medio.

BN: - Pero no se notan. ¿Dónde los tiene puestos? Me parece que usted cometió un grave delito: pensó que primero era obligación pensar y después hablar.

PGB: (se ríe) Sí, es verdad…

BN: - En cambio, acá creen que es obligación primero hablar y después pensar.

PGB: - ¡Y después se arrepienten! El Presidente dice que está arrepentido de lo que dijo en la ESMA. ¡Claro! ¡Lo dice después de que se produjo la manifestación propuesta por Blumberg con más de 200 mil personas pidiendo justicia!

BN: - Ayúdeme, Don Pablo González Bergés, a pensar… Usted, que es un hombre de derecho y yo soy un hombre de torcido. Cuando yo veo la manifestación de 200 ó 300 mil personas en nuestro país digo: *"¡qué bien!"*. *Al mismo tiempo digo: "¡qué vacío de representatividad!"*.

PGB: - Por supuesto.

BN: - Otro tema: cuando veo que un hombre, ignoto a su vez, Juan Carlos Blumberg, que con un papel en la mano se dirige al Congreso para decirles a los legisladores: *"¿por qué no hacen esto?"*, cuando nosotros los hemos votado como nuestros representantes, y les tenemos que entregar la firma de dos o tres millones de personas para que cumplan con su obligación de trabajar, es porque estamos vacíos de representatividad.

PGB: - Y no conozco que en el Congreso alguien se haya puesto colorado… Cuando el Congreso ha declarado por ley la nulidad de las leyes de amnistía, por orden del Presidente de la República, -no está establecido en la Constitución que el Presidente puede dar órdenes al Congreso- ha estado totalmente fuera del derecho, las leyes no pueden ser anuladas por otras leyes. Más concretamente: la ley es un acto jurídico, como lo es un contrato o un testamento, que se pueden anular por vicios del consentimiento, por vicios de origen. Se podría anular una ley, pero no por el Congreso, sino por la justicia mediante pruebas de que hubo vicios en la sanción. Es decir, que el quórum de una de las Cámaras estaba integrada por lo que se llama legisladores truchos o que el Congreso estaba rodeado por un regimiento que amenazaba de muerte a los legisladores si no hacían tal cosa. Nada de eso se alegó y muchísimo menos se probó. Cuando el Presidente, con la facilidad de palabra que tiene para decir ciertas cosas, dijo que las leyes de amnistía habían sido sancionadas por presión militar, el Presidente de entonces, el que pudo haber sufrido la presión militar, salió inmediatamente a decir que no hubo la menor presión, y que se actuó con absoluta libertad. Eso está publicado en el diario La Nación al día siguiente de las declaraciones del Presidente. ¿Cómo vamos a decir que vivimos en un Estado de Derecho?

BN: - No solamente eso, sino que le tuvo que mejorar la memoria, porque el doctor Raúl Alfonsín ordenó o más bien decidió que había que juzgar a los jefes militares represores, y se hizo. Y él se olvidó, creyó que bajando dos cuadritos, él llenaba la historia argentina...

PGB: - Eso es un mamarracho, en el cual, el papel más mamarrachesco lo cometió el Comandante en Jefe del Ejército.

BN: - Le cuento que ayer estuve con el ex-presidente Fernando de la Rúa. Realmente es un hombre que evidentemente está golpeado... Pensemos que, sea como sea, lo votaron como Senador, como Diputado, como Jefe de la Ciudad de Buenos Aires y como Presidente. Nos guste o no. Él me dijo: *"Yo voy a aparecer en el libro Guinness porque soy el primer Presidente destituido por un golpe democrático de partidos políticos sin militares"*.

Bernardo Neustadt

PGB: - Eso lo dice para justificarse. Él fue destituido por sí mismo, se suicidó con su absoluta incapacidad. No hubo tal golpe político. Él se suicidó por su absoluta incapacidad.

BN: - Pero si era absolutamente incapaz, usted, que es de la vida política ¿podría explicarme cómo se llega a todos los cargos elegido por el pueblo? Tuvo diez millones de votos cuando llegó a ser Presidente.

PGB: - Como llegan los demás.

BN: - ¿Qué quiere usted decirme, que el pueblo argentino vota a incapaces?

PGB: - Vota muy mal. Para que la democracia funcione bien, es absolutamente indispensable la educación, y la educación argentina es una catástrofe en este momento como todo el mundo sabe. La democracia sin educación no puede funcionar como es debido. Fíjese usted, países cuya educación no se discutía, como Alemania que era lo mejor de Europa, lo votaba a Hitler... A veces ocurren esas cosas.

BN: - ¿Pero qué me está diciendo don Pablo?

PGB: - Una barbaridad...

BN: - Claro, porque usted me está diciendo algo que a lo mejor uno piensa en silencio, pero no lo dice en público. ¿Usted me quiere decir que la democracia es un vestido o un traje que le queda bien sólo a un pueblo que es educado para ser democrático, que tiene cultura?

PGB: - La democracia requiere educación, y la educación argentina está por el suelo. La democracia es el mejor sistema de gobierno, la consulta al soberano, la opinión del soberano que es el pueblo, es lo mejor que se puede hacer. La gente recuerda lo que decía Churchill con mucha gracia: la democracia es el peor sistema de gobierno, salvo todos los demás. No es una cosa absolutamente perfecta siempre. Las democracias suelen equivocarse como cuando lo eligieron a Hitler.

BN: - Pero Alemania era un pueblo culto, no oculto.

PGB: - Por supuesto, lo más culto de Europa.

BN: - ¿Entonces para qué sirve ser culto si se vota a Hitler?

PGB: - Y se vota porque se cometen errores, porque los pueblos se equivocan, porque a veces las pasiones predominan sobre la razón.

BN: - No sé... Yo pienso y ayer lo decía que aquellos que derrocaron a Perón en el ´55 y venían a restituir la democracia de verdad y el Estado de derecho, cometieron tantos errores que todavía gobierna el peronismo. Para que vuelva el peronismo, es porque los que lo reemplazaron no hicieron nada para hacerlo olvidar.

PGB: - Creo que la Revolución Libertadora del año ´55 fue extremadamente popular y después se cometieron graves errores porque se aplicaron en la Argentina algunos métodos que en Europa se habían aplicado después de la Guerra... Por ejemplo, la proscripción del peronismo.

BN: - Fue gravísimo.

PGB: - La proscripción le dio prestigio al peronismo. Fue un error político grave.

BN: - Siempre la persecución da prestigio. Una pregunta más, aprovechando, usufructuando, exprimiendo su cerebro, ¿Cómo ve la labor del periodismo argentino por estos días? Le agrego esto: es una corporación según mi visión. El periodista descubre todo lo que quiere de su enemigo ideológico y encubre todo lo que sabe de sus amigos ideológicos. Entonces hay que tener mucho cuidado al leer, ver o escuchar. ¿O no?

PGB: - Ocurre mucho de eso. No puedo decir que ocurre en todos los casos o generalizar demasiado, pero hay mucho de eso. Se han hecho públicos algunos llamados a la Presidencia por uno de los tantos Fernández que hay o por el propio Presidente para retar a algunos periodistas, o llamarlos al silencio. Ha habido alguno que realizaba una serie de comentarios críticos y, de pronto terminaron sus comentarios, porque había sido llamado desde la Casa de Gobierno. No me gusta.

BN: - Yo creo que el Presidente además actúa de ventrílocuo. Cuando Miguel Bonazzo, dice que Mariano Grondona y La Nación, y hasta la revista Cabildo que yo creía que se había muerto, conspiran contra el Presidente, no lo dice Bonazzo, es lo que piensa el Presidente, porque le hace de oído izquierdo.

PGB: - Usted también, yo también, todos los que no estamos de acuerdo con el gobierno somos conspiradores.

BN: - No, somos respiradores, que es distinto.

PGB: - Pero yo me refiero a la calificación que nos dan desde la Casa Rosada.

BN: - Yo lo corrijo a él. Digo que no conspiro sino que respiro el dudoso aire de la libertad de prensa.

PGB: - Esto es muy peligroso para todos nosotros que lo padecemos, y para el propio Presidente de la República, que puede terminar muy mal. Hemos tenido casos de Presidentes que han terminado muy mal por agarrar el camino equivocado. Esto puede terminar no ya con un golpe militar, porque las Fuerzas Armadas están en otra cosa, pero sí con un golpe popular, tipo Blumberg. La mayoría de la gente está detrás de Blumberg, no detrás del Presidente, a pesar de las llamadas encuestas que se difunden.

BN: - En sus primeros 90 años le quiero decir que hay un libro que me voy a permitir recomendarle. Lo escribió Mauricio Rojas y se llama: Historia de la Crisis Argentina. Este libro ha vendido 300.000 ejemplares en Suecia y en Inglaterra 400.000 y en Portugal también. ¿Sabe cómo empieza?: "Hay países que son ricos, hay países que son pobres, hay países pobres que se están haciendo ricos y luego está la Argentina".

PGB: - Así vamos mal, pero muy mal.

BN: - Por eso yo tengo una suerte enorme... Ya no me embargan mis bienes, porque se me acabaron; ahora me empiezan a embargar los males. Don Pablo, ¿no tiene un cachito de esperanza, que el Presidente, después de la enfermedad piense que estaba equivocado?

PGB: - Un poco ha empezado a insinuar con sus declaraciones en Clarín de los otros días, que se arrepintió de haber hablado en el acto de la ESMA. Claro tuvo que comparar el número de personas que juntó en la ESMA para decir disparates, con el número de gente que llevó sin fuerza ninguna el señor Blumberg detrás de sí unos días después.

BN: - ¿Usted cree que todo lo que se está destruyendo, empezando por el Estado de derecho, se hace por ignorancia o por ideología?

PGB: - Por ideología. Es peligrosísimo todo eso, como es peligrosísimo cuando se aplica una ideología de derecha extrema. Igualmente peligrosas, una y la otra. Llevan a consecuencias espantosas. Mundialmente nos llevó a una guerra feroz en el año ´39 la ideología de derecho aplicada en Alemania, Italia y Japón. Fue derrotada felizmente. Y los pueblos de Europa no volvieron nunca más a eso. Son inteligentes. Acá no se actúa con la misma inteligencia.

BN: - Como dicen los estrados judiciales: no tengo más preguntas que hacerle.

• • •

*Largo es el camino de la enseñanza por medio de
teorías, breve y eficaz por medio de los ejemplos.*

Séneca

BERNARDO NEUSTADT DIALOGA CON
EL DOCTOR JUAN CARLOS DE PABLO*
EL 26 DE AGOSTO DE 2004

BN: - Juan Carlitos me siento estafado, engañado, ¡quiero que me ayudes!

DP: - ¿Qué pasó?

BN: - Ayer, todos los diarios publicaron como la noticia del día que si nos va bien, exportaríamos treinta y tres mil y pico de millones. Me puse a buscar lo que exportaba Chile y, más o menos, da treinta y tres mil millones también. Me puse a ver cuánto exporta España y resulta exportar como cuatrocientos mil millones. Y me puse a ver cuánto exporta Alemania, que no tiene territorio: seiscientos doce mil millones. ¿Y Japón?: cuatrocientos dieciséis mil millones. Entonces, ¿qué nos pasa? ¿Tenemos que estar contentos? Con tres millones de kilómetros cuadrados, con genios como vos... Contame cuál es la verdad.

DP: - Sería peor que estuviéramos exportando tres mil millones. La clave de la noticia de ayer es que esto es efecto precio, pero ese efecto precio supongo que debe ser básicamente petróleo, o todavía soja comparando año contra año, si bien la soja en los últimos tres o cuatro meses viene bajando. Es una carambola. Es como si vos dijeras: *"Bueno, yo hoy voy a ofrecer una conferencia"* y por alguna razón que no tiene nada que ver con vos, la conferencia se pone de moda y se te anotan 200 personas más. Es un hecho real, en el sentido de que

* *Juan Carlos de Pablo, Economista. Profesor de la Universidad de San Andrés
y de CEMA.*

por la misma mercadería que estás entregando te pagan más. Pero no es un mérito. No se ha descubierto ningún cambio tecnológico o alguna política que favorezca a esto.

BN: - Ayer me ayudaste, y además pregunté a otros versados en el tema.

DP: - ¡Ah!, me estás engañando.

BN: - Sí. Con Ángel Perversi.

DP: - ¡Ah!, bueno.

BN: - Me dijo: "*Mirá, Bernardo, crecimiento por volumen es el 4%, el resto es precio. Hay poca exportación de las PyMES: 8.5% del total de exportación, Taiwán exporta 45% de las PyMES. Por cada millón de dólares que exporta una PyME se generan 40 ó 42 puestos de trabajo*".

DP: - Vamos a seguir el argumento... Supongo que esto debe ocurrir en muchos países. Cuando vos le preguntas a alguien: "*¿A usted qué le parecen las importaciones de mercadería?*". Te dicen: "*No, una porquería, porque destruyen fuentes de trabajo*". Pagar la deuda es imposible. Entonces, ¿para qué exportan los países? Los países exportan para importar. Cuando el Presidente fue a China, yo dije: lo van a querer matar allá, porque si nosotros a los chinos le estamos exportando 2.200 millones de dólares y le estamos importando 700, se están destruyendo no sé cuántas fuentes de trabajo en China. Porque si cada importación destruye fuentes de trabajo, entonces, naturalmente ese superávit que tenemos con China le está haciendo mal al mercado laboral chino o alguna otra cosa debe estar ocurriendo. Entonces, entendamos: las exportaciones sirven para financiar las importaciones. Este es el tema del intercambio. Cada empresario mira su producto, entonces es obvio. Seamos congruentes. O importamos alguna mercadería, pagamos una deuda, o arreglamos para cuando se dé vuelta la tortilla.

BN: - Ayer me encontré con Jorge. Aguado y me dijo que en 1970 la Argentina para el mundo alcanzaba el 0.7% y hoy alcanza un 0.35%, es decir, la mitad.

DP: - ¿Vos decís de las exportaciones?

BN: - Sí.

DP: - Y..., es probable. La economía argentina está hoy más abierta que hace 30 años. Probablemente el mundo también. ¿Cuál es el indicador directo de apertura de la economía?: importaciones más exportaciones dividido por el PBI Eso a comienzos del siglo XX, capaz que era 40 ó 50% del PBI. Cuando lo medís en 1950 eso debía ser abajo del 20%, seguro... Y hoy, bueno, hay que ver cómo medimos el PBI, pero debe estar no más del 25% o cosa por el estilo. En términos mundiales es bajo. Si yo hago esa cuenta para los 200 países, proba-blemente Argentina esté entre los 15 más cerrados. Hay algunos temas de tamaño. En la economía de los Estados Unidos cuando vos haces ese número también es chiquito, porque es grande. Su econo-mía nunca puede tener el grado de apertura que puede tener Hong Kong, Singapur o cosa por el estilo. Ahora, la historia del siglo XX en la Argentina es la historia de cierre de la economía mundial. En parte por procesos mundiales, en parte por, como decía Guido Di Tella, nos-otros hacemos las cosas que hacen todos los otros países pero con mucho más entusiasmo. Es decir, cierre de la economía después de la Primera Guerra Mundial hay mucho. Con el entusiasmo que puso la Argentina hay que ver si hay casos. Y esos excesos, como siempre hici-mos en la Argentina, se empezaron a corregir en la década del ´70. Antes del Proceso, antes de Martínez de Hoz, vos lo que tenías era toda la pretensión de decir: con el agro no, mejor con la industria. Todo eso después se fue corrigiendo, como se fue corrigiendo el hecho de que en los países ahora la protección es cambiaria y no arancelaria.

BN: - ¡Respirá!, ¡respirá!...

DP: - Dejame decirte esto: cuando yo iba a la facultad, hace 40 años, la Unión Industrial pedía dólar bajo. ¿Por qué? Porque la protección era arancelaria, eran prohibiciones, 300% de arancel, o cosa por el estilo. Entonces el industrial sólo necesitaba el tipo de cambio para importar una materia prima. Hoy los aranceles en todo el mundo, incluyendo la Argentina, son muy bajitos, la protección es cambiaria. Entonces la misma Unión Industrial que hace 40 años te decía: *"Por favor el tipo de cambio bajo"*; hoy te dice: *"Tipo de cambio alto"*, porque lo que los protege es el tipo de cambio, no el arancel.

BN: - ¿Terminaste?

DP: - Sí.

BN: - Vos siempre elogiaste mi ignorancia sutil en economía, y tenés toda la razón del mundo. Te quería decir lo que nos pasa a nosotros los ignorantes. A nosotros nos contaron de chiquitos que si la Argentina exportaba, mandaba mano de obra. Entonces todos trabajábamos para afuera, como pasa con China, Japón o Corea. Entonces cuando el Ministro dice: *"Póngase contento"*; la gente dice: *"¡Qué bien!, estamos exportando mano de obra"*. Primero miente porque estamos exportando por precios, y además no damos trabajo con eso.

DP: - Vayamos despacio... Es cierto que si estás exportando por precio eso no es mano de obra. Ahora, también es un tema que no comparto que si exportás soja no generás mano de obra, mientras que si exportás tornillos sí. Porque también en la soja directa o indirectamente hay mucha mano de obra. Acá tenemos todo el tema de que exportamos sin valor agregado. Yo digo: ¿el exportador es tonto?, ¿se está perdiendo alguna oportunidad? Lo que uno tiene que preguntarse es por qué alguien decide exportar con menor valor agregado. Y a mí me gusta enfrentar a la gente, entonces digo: *"Escúcheme una cosa, ¿a usted no le gustaría saber más matemática de la que sabe? Sí. ¿Y por qué no sabe más matemática?"*. Porque evidentemente, adquirir conocimientos de matemática tiene un costo. Entonces siempre es beneficio y costo. Generar más valor agregado tiene beneficios, pero hay un costo. Y bueno, cada uno verá en función de las alternativas que tiene si le conviene vender la carne cruda, cocida, empaquetada o cosa por el estilo. Requerimientos laborales vos tenés del lado de la importación y de la exportación. Todo esto hay que actualizarlo, porque imaginate, cuando hace medio siglo, 80 años o cosa por el estilo, hacías una agricultura extensiva, exagerando un poco: mandabas las vacas, las agarrabas, las comías, las exportabas o cosas por el estilo; y por otro lado, importabas productos cuya producción acá daba mucha mano de obra, industria textil o cosa por el estilo. Parecería que el comercio internacional estaba jugando en contra. Bueno, ya ni se producen las vacas y los granos de esa manera, ni se producen los textiles o petroquímicos de esa manera. Entonces, uno debería actualizar qué es lo que está diciendo en cuanto al componente laboral de importaciones y exportaciones.

BN: - Es la primera vez que cuando te corte voy a estar absolutamente frustrado.

DP: - ¡Andá!

BN: - Has traicionado esa idea que tengo idealizada de que eres un héroe. Yo te quiero explicar otra vez lo mismo. Pero ponete en nuestro nivel de ignorancia. Sé que te es imposible. Nosotros siempre pensamos que era mejor, así me enseñaron a mí, que en lugar de exportar la carne y mandar el cuero para que nos devolvieran zapatos, si podíamos mandar zapatos era mejor, pero yo era muy chiquito, ¿viste?

DP: - Pero el que te dijo eso...

BN: - ¿Qué?

DP: - No se da cuenta cuáles son los costos de hacer el próximo paso. La gente dice: ¿no sería mejor tal cosa? Sí, sería mejor. ¿No sería mejor que fuéramos todos sabios, toda buena gente? Sí, sí, sería mejor, pero ¿cuál es el costo de eso? La gente dice: "*Mire las cosas que exportamos y las que importamos*". La pregunta que uno tiene que hacerse es:

¿por qué? Porque generalmente el empresario que está exportando sin tanto valor agregado le dice al Estado: "*¿Así que usted está interesado en que yo exporte con mayor valor agregado? Bueno, entonces ayúdeme*". Entonces el Estado le dice: "*Si usted exporta el producto de esta manera, cero reintegro; si lo exporta de otra manera, tanto reintegro*". Entonces resulta que el exportador está exportando el reintegro. Y, ¿sabes qué es el reintegro?: pesos que aportamos los contribuyentes impositivos. Entonces entendamos que cuando hablamos de un mayor valor agregado genuino, yo estoy de acuerdo. Cuando el mayor valor agregado lo ponemos entre todos digo: "*¡Me opongo!*". Es como algunos compatriotas nuestros que le venden cosas a Cuba. Entonces les preguntas si cobran y ellos responden que sí. ¿Y por qué? Y, porque la letra que me dan en Cuba la voy a descontar al Banco Nación. Entonces va la próxima pregunta: ¿Y el Banco Nación va a cobrar? ¡Ah!, no sé. ¿Cuál es la avivada en términos nacionales? Todo el mundo dice que defiende el interés nacional, pero hay que mirar las operaciones concretas. Cuba nos debe 2.000 millones de dólares, generados 500 millones en la época de Gelbart y 1.500 millones en la época de Alfonsín. Pregunta: ¿alguien tenía alguna idea razonable que alguna vez íbamos a cobrar? Ahora, los que mandaron los productos cobraron; el resto de los argentinos pusimos la plata.

BN: - Tenés tanta razón...Ahora, ¿podés explicarme por qué prende tanto la idea de que el Estado tiene que hacerlo todo? El otro día me decían que en Santa Fe creen que hay que volver a los teléfonos del Estado... ¿Por qué prende tanto?

DP: - No sé... Pero somos partidarios de una magia realmente fenomenal. No hay que ser demasiado adulto para darse cuenta lo que significaba un teléfono en la década del '80. Los edificios que hoy se hacen, cuando te ofrecen comodidades la primera cosa que te dicen es: "*Seguridad 24 horas*". Después te dicen si hay baños, dormitorios y todas esas cosas. Hace 20 años lo primero que te decían es: "*Tiene teléfono*"... Si tiene ascensor no sabemos, pero tiene teléfono.

BN: - Brillante.

DP: - Hasta hace 15 años vivías en un país donde te asegurabas que el número de teléfono estuviera en la escritura. En este momento parecería que tener una línea telefónica es fácil. Supongo que ya no debe ser igual que hace dos o tres años, porque es evidente que no se deben estar haciendo inversiones en infraestructura.

BN: - Juan Carlos, por último, las madres del dolor, son unas señoras que ahora tienen un nuevo título, aconsejan no ir a la marcha de Blumberg. ¿Vos qué vas a hacer?

DP: - Lo que digo es: el hombre existe. ¿Cuánta gente le va a decir esta tarde que existe? Eso lo vamos a ver. Pero vos sabés cómo somos los argentinos, totalmente descalificadores para un lado o para el otro, porque uno podría decir que del otro lado también se descalifica de la misma manera. El hombre que tuvo una gran tragedia está diciendo: "*Habría que hacer esto*". Y bueno, habrá que ver esta tarde en la marcha cuántos son.

BN: - Pero, ¿por qué te podés oponer siendo una madre dolorida?

DP: - Te podés oponer porque politizás todo. Ese es el tema. Cada vez que vos querés tener una propuesta tenés que decir hay que hacer de esto una política de Estado para que nadie me discuta. Ahora cuando no estás de acuerdo, no; es al revés. ¿Cómo te puedo decir? Es la tragedia. Este es empresario y, encima, usa barba. Y empezamos. ¿Entendés? Cuando lo que está diciendo parece una cosa bastante razonable en términos de seguridad. Los encuestadores, ¿qué es lo que te dicen? El tema seguridad está al tope de las preocupaciones de la gente, más allá de desocupación, salario, y cosas por el estilo. Y éste hombre encarna una de las cosas más importantes.

BN: - ¿A vos te consta que hay pobres, que hay miseria y desocupación?

DP: - Yo tengo idea de lo que quiere decir el haber pertenecido a la clase media baja. Así que a mí el tema de la pobreza, la restricción y cosas por el estilo no me la tienen que contar. En mi casa no había hambre porque mi vieja era muy previsora. Nunca gastaba de más. Cuando mi viejo traía un pesito por una changa o cosa por el estilo, no salíamos a festejar. Mi vieja lo guardaba, compraba algún bien durable o cosas por el estilo. Creo que hay gente en el poder que no tiene mucha idea de cómo es el pobre, cómo se puede movilizar o cosas por el estilo. La otra cosa que hay que decir es el valor de la educación. Yo llegué adonde llegué gracias al valor de la educación pública, y rindámosle un gran homenaje al finado Jaime Barylko. Su último libro, ¿qué decía?: muchachos, por qué no nos dejamos de embromar, con las mismas instalaciones físicas, si los maestros supieran lo que hay que hacer y los padres se dejaran de embromar de ser abogados de las barbaridades de los hijos, podríamos tener una revolución educativa. Pero hay que remangarse y entender el rol que uno tiene en la sociedad.

BN: De Pablo, ¿no seremos nosotros, los hombres argentinos todos juntos, no de a uno, que somos unos fenómenos?

DP: - No sé... Yo, lo que veo es que los argentinos tenemos visiones del mundo y de nosotros mismos muy diferentes, con poca capacidad de diálogo. En Argentina una vez dijimos: "Peronismo nunca más"; ahora es: "Liberalismo nunca más". Y uno tiene que preguntarse: ¿por qué? Lee un poco de historia. Ahora, ¿cuál es el tema? Cuando vos tenés a alguien que dejó el gobierno, pasó de moda o cosa por el estilo, lo molestan tanto, que no tiene ninguna capacidad de recepción, entonces cuando vuelve, vuelve con lo que tenía. Y eso es parte del costo de la Argentina como sociedad. Vos no tenés ninguna posibilidad de hablar de la década del ´90 en serio... Todo es blanco o negro, todo River o Boca. Tendríamos que sentarnos a reflexionar, mirar los números, qué pasó, qué no pasó, cómo mamamos para adelante.

BN: - Muchas gracias. Buen día.

DP: - Chau, querido.

•   •   •

Menos mal hacen los delincuentes,
que un mal Juez.
Francisco de Quevedo y Villegas

BERNARDO NEUSTADT DIALOGA CON
EL DOCTOR EDUARDO LORENZO BOROCOTÓ*
EL 20 DE ABRIL DE 2004

BN: - No defiendo al doctor Nazareno como Presidente de la Corte pero, ¡reemplazarlo con el doctor Zaffaroni!... No... No me diga que no es mejor jurista. Toda la vida. Pero con ideología. Una canallada, una mentira dicha en televisión no replicada, suena a verdad. ¿Usted, Neustadt, inventó eso de que Zaffaroni dijo en un fallo que una violación con luz no es violación? Un periodista me increpó y aseguró que nunca dijo eso Zaffaroni... Pero ayer el doctor Eduardo Lorenzo, tal vez en nombre de su queridísimo señor padre, que era un hombre de bien, que amaba el éxito, no lo odiaba; y que del fútbol sacaba lo mejor, no lo peor; tal vez inspirado por él, me llamó por teléfono y me dijo que tiene pruebas sobre la verdad de mis dichos. ¿Cómo está?

EL: - Buenos días, Bernardo.

BN: - ¿Puede atestiguar si fue o no fue así el fallo del doctor Zaffaroni?

EL: - En primer lugar, lo llamé por algo íntimo, porque me sentí muy mal cuando vi lo que ocurría en el programa y Diego Valenzuela le decía eso. Porque además yo conozco la historia de todo esto que llegó a saberse de Zaffaroni. ¿Por qué es así? Yo tenía un programa en radio América donde la jefa de producción era mi hija Constanza Lorenzo Borocotó. Hace muchos años mi hija me dijo que encontró una perlita, como se suele decir en ese ambiente. Y me trajo este fallo.

* *Eduardo Lorenzo Borocotó, médico, periodista, autor y político.*

Todavía no era una persona conocida Zaffaroni. No se conocía para nada su existencia, ni sus tendencias, ni nada. Y yo tampoco le di tanta importancia a los nombres. Pero sí a lo que había ocurrido porque se trataba de un sujeto que con excusas de mostrarle juguetes a una menor de 8 años de edad, la llevó a las cocheras del edificio donde trabajaba como portero. La introdujo en el baño, sentándola sobre el inodoro al tiempo que le ponía el pene en la boca diciéndole que adivinara qué dedo era. Y el fallo determinó lo siguiente: *"Resulta excesivo aplicar el máximo de la pena por el delito de abuso deshonesto en perjuicio de una menor de ocho años, si se trata de un hombre joven, y padre de familia, que sufrirá graves consecuencias en el plano familiar y laboral, además del social, si no causó daños físicos a la menor, y el único hecho imputado, introducción del miembro viril en la boca, se consumó a oscuras, lo que reduce el contenido traumático de la desfavorable vivencia para la menor, no cabiendo dudas que la penetración bucal no es dolorosa."* Fíjese la tendencia intelectual de quienes votaron esto. La tendencia es preocuparse por el individuo y no por la víctima.

BN: - Ahí arrancan los garantólogos.

EL: - Resulta excesivo aplicar el máximo de la pena por el delito de abuso deshonesto en perjuicio de una menor de ocho años. ¿Qué significa esto? Que si le aplica el máximo de la pena, lo deja detenido, si le aplica el mínimo salía en libertad.

BN: -Como sucedió.

EL: - Exacto. Y dice: *"si se trata de un hombre joven y padre de familia"*. O sea, pobre tipo, era joven, imagínese detenido, y encima padre de familia. Que sufrirá él..., él, no la nena, que sufrirá graves consecuencias en el plano familiar y laboral. O sea, por ahí perdía el trabajo de portero, y además la señora por ahí le decía: *"¿Qué hiciste viejo?"*. Además del social, o sea que por la calle lo iban a señalar... y encima no le causó daños físicos a la menor porque como lo había hecho a oscuras, o sea la nena no vio, no pasó nada. Si voy a Diego

Valenzuela y le muestro estas fotocopias, no sé quién está bien o mal, no sé quién tiene razón, pero lo interesante es que esto ocurrió y el periodista lo sigue negando. Ese es el tema de lo que está pasando en este país.

BN: - ¿Y por qué lo sigue negando?

EL: - Eso es lo que me pregunto médicamente. Han llegado a tales fundamentalismos en la Argentina, para todo, hasta para lo más simple que es esto, que tampoco quieren aprender ni estudiar. Es interesante saber qué pasa con todos los problemas del sexo con esta gente. Qué hormonas tenía la madre mientras el chico se estaba desarrollando. Un montón de cosas, tremendamente interesantes. No les interesa saber, Bernardo. Se ha perdido la capacidad de análisis en el argentino. Yo a veces me preocupo por mí, y digo: ¿no la habré perdido también?

BN: - Pero Diego Valenzuela es más peligroso, porque tiene radio a la mañana, a la tarde, televisión con Mariano Grondona. Es decir, no puede negarse a la realidad.

EL: - Exacto. Por eso cuando a mí me preguntan qué ideología tengo, yo respondo que me traigan un ejemplo y entonces digo qué pienso del ejemplo. En este caso, a mí me da pena esta persona. Además, yo he visto chiquitos de un año y ocho meses abusados en el Hospital donde colaboraba y quiero transmitirle la angustia, que creo que debo tenerla de ver a chicos así en la guardia. No tienen capacidad de análisis. Seguirán defendiendo lo otro. Que por otra parte es un enfermo. Fíjese que en los Estados Unidos, hoy día, cuando un violador queda en libertad después de las penas superiores, están obligados a poner constantemente carteles en el barrio donde vive. Y si se muda, tienen que poner carteles para aclarar adónde se mudó. Lo que es una barbaridad, porque me está diciendo a mí el Gobierno, el Estado: "*Cruzá por la vereda de enfrente si llevás los chicos al colegio*".

Usted sabe Bernardo que no existe un solo violador en el mundo en toda la literatura, ni médica ni policial, que no sea reiterativo. ¿Se da cuenta lo que estoy diciendo? Y no prestan atención.

BN: - No sea tan piadoso. No es que no prestan atención. Manejan ideologías. Usted está atacando al eje central del garantismo, entonces no importa lo que hizo. Él es un garantólogo. No es que no quieran saber, que son sordos o ciegos... ¿No se animó a pedir derecho a réplica para sentarse frente a Valenzuela, diciéndole al doctor Mariano Grondona: "*¿me permite que, a lo mejor como él está desinformado, lo pueda informar bien?*"

EL: - No pregunté. Además me siento en ese sentido muy relegado, porque como no tengo más mi propio programa, recibo alguna que otra llamadita, pero generalmente no les interesa llegar a la verdad, saber las cosas.

BN: - Le voy a dar una primicia. Llega un cable en este momento que dice: "*La Comisión de Derechos Humanos de las Naciones Unidas, aprobó una resolución que critica y condena a Cuba por violaciones de derechos humanos*". En la Argentina, en tanto, acabo de leer una carta que dice así: "*Queridas compañeras y compañeros, agradezco la invitación para participar en ese acto solidario con Cuba, junto a tan caracterizados luchadores sociales, sobre todo porque lo voy a hacer en la Universidad Popular de las Madres de Plaza de Mayo, dejo un mensaje fraterno para ustedes. Cuba no está sola, es hoy más válida que nunca. Esta es una hora crucial, la de la solidaridad con los hermanos cubanos, que luchan desde hace 44 años contra la superpotencia que quiere arrodillarnos con las armas, si no logra corrompernos con la ideología bastarda del neoliberalismo. Estar hoy junto a Fidel Castro, a la Revolución Cubana, es un deber patriótico, es remitirse a la consigna de nuestro libertador. Seamos libres, lo demás no importa. Firmado: Miguel Bonazzo*", que es el operador del oído izquierdo del Presidente.

EL: - Esto es así. Ahora, yo lo que quiero siempre es decir, que esta charla que yo le acabo de hacer, es por todo lo que ocurrió el otro día en el programa, y sobre todo por el enfoque médico. Sabemos el esfuerzo que ha realizado Cuba por un tipo de medicina popular. Eso es cierto, verdadero y no se puede discutir. Pero lo que no se puede decir, es que se trata de la Meca de la medicina. Porque por lo que yo leo, los progresos de ahí no vienen. Ahí tienen una atención para cada uno, igualitaria, admirable, todo lo que usted quiera. Pero no me pueden decir que es la Meca. La Meca es del que descubre la penicilina, la última tomografía computada. Porque yo no aprendo de ellos y sí de Francia, de Italia, de los Estados Unidos, de Suecia. Porque en esos países los médicos inventan, descubren la cosa médica que los demás utilizan. Además imagínese que cuando uno dice estas cosas lo ubican en la derecha. ¿Usted sabe que mi padre fue estibador de puerto a los 16 años? Mi padre creó en Montevideo la asociación de choferes. Recién llegaban los primeros autos para las familias acaudaladas, y mi papá era chofer, y creó eso. Eran todos movimientos de izquierda, pero ¿qué tiene que ver con esto dónde está la Meca de la medicina o qué pasa con una niña violada?

BN: - Una canallada no retrucada parece verdad. Le mando un abrazo. Y si usted me permite, lo pongo en memoria de su señor padre al que supe admirar definitivamente.

EL: - Muchísimas gracias Bernardo.

• • •

Nada hay repartido más equitativo que la razón:
todos están convencidos de tener suficiente.

Descartes

BERNARDO NEUSTADT DIALOGA CON
EMILIO CÁRDENAS*
EL 27 DE MAYO DE 2004

BN: - Hay una persona por quien tengo un enorme respeto, por su formación, porque es profesor en la Argentina y en los Estados Unidos desde hace muchos años, porque ha sido un excelente embajador en las Naciones Unidas, y porque siempre está mirando al país con su óptica, que es una óptica de apertura, no de enfrentamiento. Buenos días, ¿su nombre es...?

EC: - Emilio Cárdenas. ¿Cómo estás, Bernardo?

BN: - Muy bien... Sé que estuviste en China.

EC: - Sí, hace tres semanas.

BN: - ¿Por qué se habla tanto de China?

EC: - China tiene un crecimiento espectacular y cambia por minuto. Yo estuve en Pekín y después estuve en Shangai. Yo diría que Shangai, siendo el centro comercial y el nervio de la actividad económica china, hoy tiene una cara todavía más impresionante que la de Hong Kong, desde el punto de vista de edificación, de tecnología, de cómo está la gente, cómo vive la gente... Ya no se ven los trajes maos, ya no se ven las bicicletas. Es gigantesco el cambio. Ahora, ese cambio no es igual en toda China. La población urbana está con un ingreso superior a los

* *Emilio Cárdenas fue Secretario General de las Naciones Unidas y Presidente de la Asociación de Bancos Argentinos.*

mil dólares anuales, y la población rural está por debajo de la mitad de ese ingreso, o sea que hay un cierto rezago en el campo. En este momento la preocupación del liderazgo chino es una preocupación por exceso de inversión en algunos sectores en particular. Ayer el FMI, a través de uno de sus expertos, dijo que no solamente hay un exceso cuantitativo, sino que hay equivocaciones cuantitativas. O sea, hay demasiada concentración de la inversión en algunos sectores en particular, y esos sectores son tres. Tienen exceso en el sector del acero, de la construcción y del aluminio. Ya están tomando algunas medidas para evitar el sobrecalentamiento de la economía que, fundamentalmente, consiste en restringir el crédito a nuevos proyectos y obligar a aquellos que tienen nuevos proyectos a poner más capital propio. Hasta no hace mucho tiempo, alguien que quería construir una acería podía pedirle al sistema financiero, que es estatal... Eso es parte del problema porque presta alegremente el 80% del costo del proyecto. O sea, sólo el 20% era una inversión con capital propio. Este requisito mínimo ha sido duplicado y llevado al 40%, con lo cual los proyectos que estaban en curso se detienen y empiezan a mirar alrededor a ver si tienen ese capital propio o pueden conseguir socios, con lo cual desaceleran el crecimiento del sector. Durante el primer trimestre de este año los chinos crecieron por encima del 10%, superados sólo por la India, otro país que está produciendo un milagro que, de todas maneras, está afectando a toda la región. Asia es realmente un dínamo. La Argentina tendría que concentrar su visión en los negocios con el mundo asiático, porque además de la economía de los Estados Unidos, que es una de las locomotoras, la segunda locomotora yo diría que es Asia toda. Japón se ha recuperado gracias a las exportaciones e inversiones hacia China y toda la economía de esa región es sumamente dinámica. O sea que hay hoy dos locomotoras empujando la reactivación económica en el mundo.

BN: - El otro día hablé con Raúl Cuello y me contó que se vive una experiencia casi similar en Rusia.

EC: - Si, pero es distinto. Rusia también está en un boom, causado por Putin, pero de otro tipo. Yo siempre digo, y algunos creen que es una exageración, que si uno mira a Putin hoy es como mirar a Lee Kuan Yew, que es el hombre que hizo el milagro de Singapur hace 20 años. Putin ha conseguido dos cosas: primero ordenar la política, sobre todo el descalabro regional que tenía Rusia; y segundo, ha transformado al sector energético ruso en un motor de crecimiento fenomenal. Lo cierto es que hoy las exportaciones de crudo rusas están al mismo nivel que las exportaciones de crudo de Arabia Saudita. O sea que hoy Rusia le puede decir a los sauditas: ustedes tienen reservas quizás más grandes que las nuestras pero en término de las exportaciones al mercado estamos compitiendo mano a mano en todos los mercados con ustedes. Y esto no se termina acá, Rusia decidió abrirse al capital extranjero en el sector energético, tiene algunas empresas enormes... No es el caso de China, que es un boom que se puede atribuir a dos cosas: primero a la fabricación sumamente diversificada de productos de consumo y además a lo que podríamos llamar inversión en infraestructura. Ésta última es la que se ha desordenado mucho, porque en general es inversión pública, de las municipalidades, de los Estados y muchos proyectos, como dice el gobierno central chino con toda razón, se hacen por cuestiones de prestigio local. O sea, las autoridades locales lo quieren mostrar para su propio reflejo político; en cambio, eso en Rusia no está. Yo diría que en Rusia las cosas son más lentas, políticamente se ha ordenado... Hoy todos responden a Boris Yeltsin y la verdad es que en Rusia otra de las diferencias es que la popularidad de Yeltsin es inmensa. A punto tal, que cuando él decidió de alguna manera manipular la última elección que lo reeligió como Presidente, sobre todo manejando los medios de información masiva, uno se preguntaba: "¿para qué lo hace? ¿para asegurar qué?". Sin ese manejo yo diría que, seguramente, habría sido electo con un porcentaje de favor popular muy parecido al que terminó teniendo en la elección. O sea que Rusia con economía de mercado pero con algún grado de autoritarismo político; China con economía de mercado con mucho autoritarismo político; la India con una democracia total abriéndose a la economía de mercado, creciendo; Japón recuperándose, y países como Malasia, Tailandia, Filipinas, también con un nivel de actividad económica sumamente interesante, son quizás hoy, junto con los Estados Unidos, el cimiento de la esperanza de poder salir de la fase recesiva en que estuvo la economía mundial en los últimos cuatro o cinco años. La contrapartida es que las tasas van a subir... La contrapartida es que tenés precios de petróleo muy altos...

BN: - Como diría la ex-presidente de la Nación, la señora María Estela Martínez de Perón, "*no me atosiguéis*". Y nosotros, ¿dónde estamos en ese lugar del mundo?

EC: - Nosotros no estamos.

BN: - ¿Cómo?

EC: - Como son las cosas argentinas desde hace mucho tiempo, desgraciadamente. Hay esfuerzos personales, y hay esfuerzos de empresas que son visibles y gigantescos y en algunos casos, exitosos. Hay algunas empresas argentinas que tienen una presencia en Asia importante, es el caso de Techint, de Pescarmona, pero no estamos institucionalmente. En este momento, mientras estamos hablando, el Presidente Lula está en China con cuatrocientos empresarios alrededor, y no los está insultando, está trabajando con ellos. Y te agrego otro elemento: Lula se va a beneficiar de lo que posiblemente sea una de las medidas que China va a adoptar, que es en lugar de ser una especie de centro de absorción de toda la corriente inversora extranjera del mundo, ahora China va a salir ella a invertir en el exterior. Como tiene reservas gigantescas, esa política es posible, y acaba de anunciar que va a invertir en proyectos en Brasil. Pero estamos hablando de proyectos de cientos de millones de dólares.

BN: - ¿De plata china?

EC: - Sí. Tiene reservas enormes. No muy distintas a los países que tienen el campeonato mundial de reservas, como Japón y Taiwán, entre otros. China las ha acumulado con comercio exterior favorable a lo largo de la última década y está en perfectas condiciones de salir a hacer inversiones en el exterior. Tal es así, que yo creo que ya están anunciándose las primeras inversiones bilaterales chino-brasileñas, desde luego con el capital privado brasileño.

BN: - Emilio, no estoy preparado para recibir tanta información junta. En la Argentina, según los diarios, el Presidente tiene alta imagen, pero el gobierno no. El Presidente ordenó ayer aumentar el 20% las retenciones a las empresas de petróleo. Es decir, el ataque al capitalismo internacional o extranjero es eterno. Las posibilidades de que tengamos otra vez YPF, Gas del Estado, Obras Sanitarias... ¿Aquéllos se privatizan y nosotros nos estatizamos?

EC: - Todos los ejemplos que yo te he dado son ejemplos de economías que se abren. En el caso argentino es distinto. Yo preferiría no entrar en la polémica de qué estamos haciendo en estos momentos, pero si está clarísimo que los países que se han transformado en locomotoras en el mundo, son países que han abierto sus economías a la inversión extranjera y a la economía de mercado.

BN: - ¿Qué deuda externa tiene hoy por ejemplo China?

EC: - Muy baja.

BN: - Ayer me enteré de que Uruguay había terminado con la deuda externa en un acuerdo muy confiable.

EC: - Sí. Lo oí también pero no estudié ese tema, así que preferiría no opinar, porque me gusta, como dicen algunos, leer antes de opinar.

BN: - Volviendo al tema China, ¿le mandamos algo?

RC: - Sí. Nosotros vendemos muchas cosas en China. Una de las cosas agradables de la visita a China es que en los hoteles se sirve vino argentino. Desde luego que en competencia con otros vinos, pero hay una variedad de marcas argentinas vendiendo sus productos en China. Y el gran motor de lo que ha pasado aquí, este repentino aumento del precio de la soja, porque el consumo en una economía que crece también aumenta, ha beneficiado enormemente a los dos países que tienen la mayor capacidad exportadora, que son nuestra República Argentina y nuestros vecinos los brasileños.

BN: - Emilio, ¿qué pasó con la señora Sonia Gandhi?

EC: - Es otra lección histórica. En dos minutos: en la India venía gobernando un partido de corte nacionalista, en un ambiente de apertura que en realidad había sido iniciado en 1991 por el partido del Congreso, que es el partido que preside Sonia Gandhi. Todas las encuestas y todos aquellos que seguían de cerca la política de la India presagiaban que en la siguiente elección este partido no iba a tener la menor posibilidad de perder y que era el ganador seguro. Sin embargo perdió, y perdió relativamente feo. ¿Por qué? Porque en economía no se puede dejar de contemplar a aquellos que no están incluidos en una transformación económica. Hay que hablarles, hay que hacerlos sentirse actores, hay que ocuparse de ellos, aunque esto genere un poco de desaceleración. Entonces todos aquellos que se sentían de alguna manera, ignorados por el proceso, excluidos, votaron en contra. Ahora, ¿qué pasó con Sonia Gandhi? ¿Por qué no aceptó ser Primer Ministro? Yo diría que es por una conjunción de cosas. La primera, posiblemente la reacción chauvinista del partido mencionado, que dijo que iba a boicotear a Sonia Gandhi porque era italiana. Francamente, sostener que hoy una persona que nació en Italia, después que perdió a su marido en un asesinato, pasó toda la vida en la India, perdió a su nuera en otro asesinato, tiene dos hijos que están en política, uno de ellos que acaba de ser con ella electo parlamentarista, es bastante poco agraciado digamos, no es un comentario correcto. Pero Sonia Gandhi eligió con una grandeza inmensa dar un paso al costado. Algunos dicen que porque los propios hijos le dijeron a la madre *"hay tanto asesinato político en nuestra familia, que si en este clima de chauvinismo aceptas ser Primer Ministro de nuestro país, corres otra vez un riesgo de vida y preferimos que no lo hagas"*. Pero esto es una de las tantas razones, yo creo que la más importante es la grandeza de Sonia Gandhi, que se dio cuenta de que ella no era la candidata ideal para el puesto de Primer Ministro. Dio un paso al costado y se quedó al frente del partido del Congreso en su banca de legisladora, y le cedió el espacio a un hombre realmente extraordinario, que es este señor Singh, que ya había sido Ministro de Finanzas en 1991 cuando empezó a abrirse la economía de la India, y ha elegido un gabinete que lo único que asegura es que se va a seguir en esta línea pero con un rostro más humano, incluyendo y explicando a todos qué es lo que se está haciendo, porque parar el crecimiento también es malo para aquellos que quedan excluidos. Yo diría que la India ha reafirmado su crecimiento, ha producido un cambio con rostro humano y, en definitiva, vamos a ver una India que va a seguir creciendo a tasas que este año fueron superiores al 10% y superiores a las tasas de China.

BN: - Es decir, dejaron al mejor. Más o menos como aquí, pero distinto.

EC: - En realidad dejaron a los dos mejores, porque el Primer Ministro nombró Ministro de Finanzas a un abogado de 56 años egresado en Harvard, que había sido ya su Ministro de Finanzas, que son los dos hombres más reconocidos por el mercado.

BN: - ¿Cuántos años tiene?

EC: - Cincuenta y seis. El Primer Ministro tiene setenta y tres, si no me equivoco.

BN: - Me encanta que me hayas dejado sin habla. No tengo nada más que preguntarte.

EC: - Para la gente que vivía en la pobreza en la China y en la India, y hablamos de cientos de millones de personas, este proceso de globalización es realmente de un impacto tan enormemente positivo, que es imposible convencerlos de lo contrario, por eso se abrazan a esta receta.

BN: - Y acá estamos en contra de la globalización... Perdón, ¿tenés idea de la población en China?

EC: - Sí, mil doscientos noventa, están llegando a los mil trescientos millones.

EC: - ¿Y en la India?

EC: - Un poquito menos, mil ciento y pico, están llegando a los mil doscientos.

BN: - ¿Y en Rusia cuántos seres humanos podrá haber?

EC: - Digamos ciento y pico de millones. Es otra dimensión, totalmente distinta. Está en el club de los cien millones.

BN: - Ahora, qué curioso que estos países con tanto volumen humano puedan ser gobernados, y treinta y seis millones de argentinos están casi siempre desgobernados.

EC: - El mundo es un tablero entretenido para contemplar...

• • •

Un hombre sabio procurará
más oportunidades de las
que se le presentan.
Francis Bacon

BERNARDO NEUSTADT DIALOGA CON ROBERTO CACHANOSKY* EL 26 DE MAYO DE 2004

BN: - Me gustaría preguntarle si el país es un circo o si nosotros somos un circo.

RC: - ¡Qué buena pregunta! La verdad, lo que voy a decir es políticamente incorrecto.

BN: - Espere que me ajuste el cinturón.

RC: - El país efectivamente es un circo, hay un montón de payasos dirigiendo el país. Pero abajo hay un montón de estúpidos aplaudiendo a esos payasos.

BN: ¡Ah!, ¡no!, ¡así no!

RC: - ¿Cómo que no? ¿Quiere que cambie los términos?

BN: - No, mejor no cambie los términos.

RC: - Lo que a mí me preocupa es que en la Argentina la incultura y el resentimiento hacia quien progresa está muy impregnada en la sociedad. Acá se ha creado una cultura del resentimiento desde hace más de 60 años, que es muy difícil de erradicar. El que progresa en la

* Roberto Cachanosky, Licenciado en Economía y Columnista Político.

Argentina, por definición, es sospechoso. Yo me pregunto, ¿por qué voy a invertir en la Argentina? Ya no digo una empresa grande, o de transporte de gas o energía eléctrica o teléfono. Uno que quiere hacer una casa en un country es un delincuente, porque finalmente después viene el Estado y le arranca la cabeza con impuestos a las ganancias, a la propiedad. No lo ven como alguien que está creando fuentes de trabajo porque le da trabajo al arquitecto, al plomero, al pintor, al albañil, al jardinero. Eso no es importante. Lo importante es que usted pague impuestos, porque si usted ganó plata en la Argentina, no es fruto de su esfuerzo, sino que, según los demagogos de siempre, usted se lo debe a la sociedad, entonces le tiene que devolver a la sociedad lo que usted ganó.

BN: - Sí, pero yo lo devuelvo en trabajo.

RC: - Vienen y lo decapitan con impuestos a las ganancias, le cobran impuestos inmobiliarios, y no le digo si usted es un empresario que tuvo éxito... ¡Cómo lo van a liquidar! Le dicen: *"Usted es un empresario que el año pasado ganó plata, ahora invierta aunque pierda, no me interesa"*. Y yo quisiera saber por ejemplo los productores agropecuarios que hoy están ganando dinero con el precio de la soja, qué van a decir el día que el Gobierno les diga: *"Como ustedes durante el año 2003 y 2004 ganaron mucha plata con la soja, ahora que el precio de la soja llegó a la mitad y ustedes pierden plata, igual inviertan en soja y vendan soja"*. ¿Sí?

BN: - Espere un momentito que me están llamando de Casa de Gobierno. Hola. Sí, soy Bernardo Neustadt. No, no, no. Usted a mí no me va a intimidar. Yo al doctor Roberto Cachanosky lo voy a entrevistar todas las veces que quiera. ¿Cómo? ¿Que me va a sacar los avisos?... Si no tengo. ¿Que no me va a dar más avisos oficiales?... ¡Pero si nunca me dio! Pero no, señor, no. El doctor Cachanosky no estuvo conspirando en ninguna comida de locro. No quiero hablar más. Corto. Perdón Roberto, estas cosas me pasan a mí cuando hablo con usted... ¡Es terrible! Perdóneme esta incomodidad.

RC: - ¿Qué es esta nueva moda que si uno come con un militar o es amigo de un militar, es un traidor? ¿Qué pasa ahora? Resulta que ahora todos los militares son enemigos del país. ¿Son gente mala? ¿Cuál es el problema finalmente? ¿Qué es esta moda que se impuso en la Argentina que todo lo que tenga uniforme tiene que ser decapitado, degradado, sea militar, portero o bombero? Es una idiotez. Un país no se maneja con estupideces, se maneja con seriedad. Esta es una idiotez que se inventó, pero, ¿cuál era su pregunta?, porque me embalo y me voy del tema.

BN: - El 20 de agosto de 2002, en una nota que se tituló: "*Las privatizadas piden un ajuste que va del 10 al 70%*", usted dijo que es preferible que aumenten las tarifas y se consuma menos, pero que se mantenga la calidad de los servicios. No quiero volver a la época donde se cortaba la luz. Nos quedaremos sin luz, sin gas, sin los teléfonos y sin Internet, porque no se van a poder hacer las inversiones para el mantenimiento de la estructura existente. Yo sabía que usted estaba en una conspiración.

RC: - ¡Claro!, desde el 2002 que vengo conspirando...

BN: - Bueno, cuénteme cómo vio el primer año de gobierno del Presidente.

RC: - Lo que veo que hizo el Presidente Kirchner fue empezar, antes de asumir, con un discurso recordando a los montoneros. Después fue a Europa. Les hizo un desplante primero a los empresarios franceses, después a los empresarios españoles. Después, no me acuerdo en qué lugar de los Estados Unidos fue, dijo que todos éramos hijos de Hebe de Bonafini y de las Madres de Plaza de Mayo... Por su parte, Hebe de Bonafini dijo que si en el Museo de la ESMA no se exhibían las armas que habían utilizado los montoneros y los terroristas de esa época, ese Museo no servía para nada. O sea, nos hizo a todos, pública e internacionalmente, hijos de alguien que sólo defiende sus ideas cargando un fusil... No sé si me explico... Es un disparate. Después veo a lo largo de este año a un Presidente insistiendo con el tema de los derechos humanos y al mismo tiempo abrazándose con Fidel Castro, que es un tipo que cualquiera que piense mínimamente distinto en Cuba o lo mete en una cárcel o lo fusila. O se hace amigo de un dictador zurdo de cuarta categoría como es Chávez. Después dijo que le iba a hacer un knock-out a Bush... Veo, a lo largo de estos doce meses, a los piqueteros, que son en realidad una banda al estilo terrorista de la década del ´70 pero que no usan el terrorismo sino la capucha y el palo para violar los derechos de la gente decente; ésa que va a traba-jar, que se sube a un colectivo a la mañana o al subte o va con su auto a trabajar. Y ellos, los piqueteros, se adueñaron de la calle. Entonces el ciudadano decente no tiene derechos, los que tienen derechos son ellos, que además ni siquiera son movimientos como se dice "sociales", son movimientos que quieren establecer una dictadura al estilo Castro. Y esos tienen derecho a que usted no pase por ningún lado, a recla-mar, a que se los financie y el Estado... ¡totalmente pasivo! Entonces lo que yo veo es que a lo largo de un año el Presidente se la pasó descol-gando cuadritos, haciendo actos en la ESMA, haciendo todo ese tipo de discursos, pero lejos estuvo de construir un país. Ahora lo que más me preocupa es que si efectivamente, aunque le bajó la popularidad, sigue teniendo un índice de popularidad alto, eso me inquieta mucho más que todas las cosas que pudo haber hecho el Presidente, porque entonces estamos en un serio problema... No es que tenemos a un loquito gobernando, es que a la gente le gusta que sea un loquito.

BN: - ¿No se está pasando usted?

RC: - Para nada.

BN: - Con todo respeto le voy a contar una cosa... algo que le va a gus-tar mucho: proponen que se retire la estatua de Julio Roca porque es un genocida y liberal, ¿qué le parece?

RC: - ¡Y bueno!, lo que pasa es que no conocen la historia... Creo que tendrían que leer un poco la historia para ver cómo fue la Conquista del Desierto, para ver si mató a tantos indios como se dice o no.

Sugiero que lean un libro que se llama "Soy Roca", de Félix Luna, que no es liberal, es un hombre radical de pura cepa.

BN: - Sí... Además, progresista.

RC: - Y él cuenta cómo fue la expedición al desierto y dice que no fue una gran matanza. Sí mataron a algunos indios y los encarcelaron, pero no fue una cosa así como al estilo de los Estados Unidos con los soldados persiguiendo a los indios... Fue prácticamente un paseo, lo relata como un paseo. Pero además de eso, Roca pudo haber tenido mil defectos, pero por lo menos construyó un país.

BN: - Le agradezco mucho todo este servicio que me ha prestado, me voy a quedar sin avisos oficiales, pero en fin, acudiré a esa página que tiene usted: www.economiaparatodos.com.ar... Me queda una última pregunta: ¿Somos o es un circo el país?

RC: - Déjemelo pensar y en la próxima se lo digo.

BN: - Que Dios lo ilumine.

•   •   •

III- SOBRE LA VIDA

*La vida es fascinante: sólo
hay que verla a través
de las gafas correctas.*

Alejandro Dumas

BERNARDO NEUSTADT DIALOGA CON ANTONIO GALA*
2001

BN: - ¡Qué bien suena su apellido!: Gala... Antonio Gala es un pensador, un filósofo de la vida, un romántico... Díganos, ¿quiénes están invitados al jardín?

AG: - Todos estamos invitados al jardín. Al jardín de la vida, de la felicidad, de la alegría, del amor... Lo que sucede es que no vamos a permanecer en él siempre, ni siempre nos va a parecer un jardín en flor... Y ni siquiera seremos dichosos por el tiempo que lo habitemos, por nuestra propia culpa, en buena parte.

BN: - ¿A qué se debe?

AG: - Porque me parece que no sabemos vivir la vida con la intensidad que es debido ni disfrutar del amor con la vehemencia que se dice, ni ser felices, ni ser dichosos, ni enamorados. En el momento en que nos enamoramos miramos a la persona amada con la intención de transformarlo en espejo donde nos reflejemos nosotros mismos...

BN: - ¿Y entonces?

AG: - Entonces estamos dentro de nosotros, fuera de nosotros, y buscándonos siempre a nosotros, con una actitud absolutamente egoísta, que impide verdaderamente la felicidad.

* Antonio Gala, poeta español. Es licenciado en Derecho, Filosofía y Letras y Ciencias Políticas y Económicas.

BN: - ¿Eso ocurre por falta de tiempo?

AG: - No es problema de tiempo, es problema de actitudes. Es un problema de sentarse y observar. No de sentarse y volver a hablar siempre de lo mismo: de nosotros, del dinero, de procurar tener más dinero que los demás, de tener y tener... La diferencia está entre el ser y el tener.

BN: - Hoy todo es rápido... ¡Hasta nos casamos por correo electrónico!...

AG: - Siempre decimos que el aspecto no es lo más importante en el amor, pero el aspecto es la vía primera del amor, el amor empieza por los ojos. Es esa luz que se enciende encima de alguien y que nos hace ver que el mundo será distinto si no lo vemos a través de ese amor. Esa prisa es terrible, esa urgencia de que no se sabe... esa prisa por llegar tarde a todas partes...

BN: - ¿Y cómo ve a la Argentina?

AG: - La Argentina está surgiendo de sí misma. Y seguramente saldrá más embellecida. *"Lo que no mata, engorda"*... Entonces, aparecerá más guapa que nunca.

BN: - Esta mujer de hoy, competitiva, ¿no ha perdido parte del romanticismo?

AG: - Probablemente a nuestros ojos es posible que sí, pero no a los de ella. Ella siente que ha ganado. El machismo está desapareciendo porque en este momento el hombre ve que la mujer lo está mirando a la altura de sus propios ojos y le dice no cuando no quiere. Y él se queda literalmente traumado porque ve que la mujer se rebela.

BN: - ¿El hombre inteligente acepta una mujer inteligente?

AG: - ¡Claro que la acepta! Y tiene que agradecer la colaboración de su inteligencia. Una persona inteligente maneja bien la ternura porque sabe que debe ser bien manejada, siempre presente. Y en mi bolsa de valores otra de las cosas que valoro es la alegría. Porque la alegría es lo que salpimenta la vida, lo que la hace más generosa, más dadivosa, y más onda al mismo tiempo.

BN: - ¿Es usted feliz?

AG: - La felicidad es una especie de trastorno mental transitorio. Es una cosa de la adolescencia que la puede tener una persona mayor como yo. La adolescencia es un estado de carencia de algo que se te da y te produce el sentido de felicidad. La felicidad verdadera es no aparentar que se es feliz... No echar de menos esa felicidad jolgoriosa, sino quedarse con la felicidad callada que es la de la serenidad.

• • •

*La inteligencia consiste no sólo
en el conocimiento, sino también
en la destreza de aplicar los
conocimientos en la práctica.*

Aristóteles

BERNARDO NEUSTADT DIALOGA CON JOSÉ ANTONIO MARINA* EL 3 DE SETIEMBRE DE 2001

BN: - Ayer la gente me saludaba más que nunca en Buenos Aires y me agradecían haber entrevistado al filósofo José Antonio Marina, porque cuando habla obliga a pensar. Esto es importantísimo, porque si usted termina una charla con él y no se queda pensando y reflexionando, perdió. Pensar... ¿Qué es pensar, José Antonio?

JAM: - Pensar es el gran recurso que tenemos. Somos pobres o ricos no tanto por el dinero como por las capacidades que tenemos de pensar. Pensar es organizar la información para resolver los problemas. Por eso es tan útil, práctico. Porque los problemas los tenemos todos los días. Son los problemas sobre qué hago con mis hijos, con mi trabajo, con mi vida, con mi pareja, cómo organizo el tiempo que tengo. Eso es el pensamiento que es la gran función de la inteligencia. Vamos a resolver problemas, para ver si nos ponemos en mejores condiciones, para ser felices y para llevar una vida digna.

BN: - Un día me gané la enemistad de un gran escritor argentino, Ernesto Sábato, porque cuando me lo presentaron, hablándome de su talento y su inteligencia -no niego que la tenga-, le pregunté: "*¿Es usted feliz?*". Me dijo que no. Entonces, no es inteligente. ¿Se puede ser inteligente y malvado o inteligente e infeliz?

* José Antonio Marina, filósofo y autor polifacético.

JAM: - Yo creo que ser inteligente y malvado, no. La maldad es el fracaso de la inteligencia, y la bondad es el triunfo de la inteligencia. Porque al hablar de bondad y maldad, no estamos hablando de una especie de adornos celestiales. No. Estamos pensando en: o resolvemos bien los problemas y eso es bondad. O resolvemos mal los problemas y eso es maldad. Aquello que poseemos acaba poseyéndonos. Cuando llegamos a la adolescencia todos nos encontramos que tenemos unos rasgos de carácter que nos complican o nos aborrecen la vida, muy desagradables, pues se puede ser violento, temeroso, envidioso. Todas estas cosas, la inteligencia lo que hace es arreglarlas y eso lleva a la bondad. La bondad es la mejor solución que a la inteligencia se le ocurre para resolver los problemas que afectan a la felicidad y a la convivencia. Y eso Bernardo es grave. Hemos dado a los malos un prestigio intelectual que no tienen. Igual que hemos dado a los pesimistas un prestigio intelectual que no merecen. Nos da la impresión que el pesimista es más inteligente porque ve venir las cosas, porque se da cuenta que toda manzana tiene un gusanito... Yo creo que hay que reivindicar el prestigio del optimista, porque el prestigio del optimismo mejorará algo las cosas; en cambio, el prestigio del pesimismo nos servirá de gran excusa. En España cuando una persona dice: *"es que el asunto está tan mal"*, inmediatamente saca la conclusión: *"bueno, como está tan mal, yo no estoy obligado a nada"*. La situación es tan mala que me excusa de no esforzarme. En cambio la persona que dice: *"bueno, pero puede estar mejor"*, te está obligando a que tomes cartas en el asunto. De manera que los pesimistas, Bernardo, lo que tienen es un sistema de excusas para decir: *"dado que las cosas no se pueden arreglar, qué bien, no tengo nada que hacer, me desconecto de la situación"*.

BN: - Me colocas en la situación de hacerte una pregunta que invade mi pobre y agotado corazón desde hace mucho tiempo.
Dicen que el pesimismo vende, la maldad vende, el dolor vende y que el amor no vende. Entonces uno se pregunta: ¿los cantantes tienen que cantar a la protesta para lograr éxito? Hemos dejado que aquellos que no se dieron cuenta de que el muro se cayó del otro lado, se

apropiaran de los derechos humanos, de la pobreza... Ahora, no te sacan de la pobreza, ¡pero cómo hablan de ella!

Ayer, mi estimado profesor, dijiste algo que me impresionó sobre el actuar, el pensar y el declamar. Me gustaría escucharlo nuevamente...

JAM: - Me referí a que el gran pensamiento lleva a la acción. Muchos científicos, universitarios, han confundido las cosas. Nos están haciendo pensar que saber resolver ecuaciones diferenciales, por ejemplo, es una demostración más clara de inteligencia que saber organizar una familia feliz, saber conseguir la felicidad de la pareja, que trabajar por una sociedad justa. Eso es una insensatez. Las ecuaciones diferenciales las resuelve perfectamente un ordenador, no es tan difícil. Lo que es difícil es resolver los problemas que afectan a las personas, porque ellas están llenas por una parte de profundidad y por otra de superficialidad. Por una parte nos confundimos las cosas, por otra parte queremos vivir en la claridad. Muchas veces tenemos deseos contradictorios que debemos gestionar de alguna manera. Eso es la gran inteligencia. Además, mira Bernardo, mientras que un problema teórico de física nuclear, por muy complicado que sea, se resuelve cuando conozco la solución; un problema práctico, de la acción, no se resuelve cuando conozco la solución, se resuelve cuando la pongo en práctica, eso es lo verdaderamente complicado. Yo creo que toda la cultura occidental se ha convertido en una cultura propensa a la reclamación y a la queja, pero no a la exigencia. De manera que al final tenemos que acabar diciendo que hasta cierto punto los espectadores tienen la televisión que se merecen y los ciudadanos tienen los políticos que se merecen.

BN: - O que se les parecen. Yo no merezco la televisión que veo, pero se le parece al país que tengo.

JAM: - Creo que lo que hay que decir es: ¿a usted, estos políticos, seguro que le gustan? ¿No? Consiga otros. Por ejemplo, hay una cosa que es absolutamente antidemocrática, el voto cautivo.

BN: -¿Cómo es eso?

JAM: - El voto cautivo es la persona que dice: "*Yo toda la vida he vota-do a este partido, y hagan lo que hagan, no voy a cambiar*". Pues están diciendo: a quien has elegido a través del partido puede hacer lo que quiera que cuenta con tu voto. ¿Cómo voy a votar yo, izquierdista de toda la vida, a un partido de derecha? Pues mira, porque el candida-to que tiene tu partido de izquierda no tiene sociabilidad. Votar a un partido simplemente por pertenecer a él de toda la vida, eso es un voto cautivo. El voto inteligente es un voto flexible, porque entonces puede ser un voto de control. Esa persona dice: "*Me encantaría votar-te a ti, pero lo has hecho tan arrebatadamente mal. No te voto, voy a votar al otro para ver si lo hace mejor*". Entonces no estamos en terre-no de dogma.

BN: - Acá, eso es una pasión nacional. Uno es radical, porque la abue-la era radical. El otro es peronista también por lo mismo.

JAM: -Lo inteligente es el voto flotante.

BN: - El voto flotante, el que castiga y premia, premia y castiga. ¿Son importantes los premios y castigos en la vida?

JAM: - Son absolutamente indispensables. Son el único modo que tenemos de educar. No hay otro.

BN: - Quería hacer unas reflexiones. Una de ellas me la enseñó un día el padre de un chico autista. Yo abusaba mucho del autismo de los políticos, entonces me llamó y me dijo: "*Yo tengo un hijo autista. ¿Sabe cuál es la diferencia con los políticos? Que mi hijo se desgarra a sí mismo, se castiga. En cambio el político rasga el vientre de los demás, castiga a los otros. Esta es la diferencia, y le pido por favor no le diga más autista a un político, porque él no se lastima a sí mismo. Él nació para que usted esté mejor y termina él estando mejor a su costo*". La otra es: hablamos de todos los valores, estamos globaliza-dos, ¿Tú eres contrario a la globalización?

JAM: - Creo que la globalización es irreversible, lo que pido es más globalización.

BN: - ¿Cómo es eso?

JAM: - El problema de la globalización es que se está haciendo de una manera miserable. Sólo se está globalizando el mercado, la tecnología y las agencias financieras. Eso está aumentando las diferencias entre los países. Por ejemplo: si ponemos barreras arancelarias para que los países subdesarrollados de África no puedan mandar lo único que tienen, que son por ejemplo productos agrícolas a los Estados Unidos, si las materias primas que son lo único que tienen los países subdesarrollados están bajando de precios continuamente desde hace 20 años, entonces estamos haciendo una especie de globalización absolutamente injusta. Si estamos contratando obreros en Indonesia o en Tailandia o en Hong Kong a los que se les paga un dólar al día, estamos introduciendo un desajuste en el mercado laboral en el nivel normal. Lo único que yo digo es: me parece estupendo globalizar la tecnología, el mercado y los sistemas financieros a condición de que se globalicen también las legislaciones laborales, los derechos humanos, los sistemas democráticos, la protección al trabajador, de manera que entonces sí que estaremos haciendo un mundo globalizado donde todos estemos con iguales condiciones, donde no habrá una situación de injusticia comparativa si un obrero argentino tiene que competir con un obrero tailandés que no tiene seguridad social, porque a la larga, si quiere competir, el obrero argentino tendrá que prescindir de la seguridad social.

BN: - ¡Qué maravilla! ¿Cómo nacen ustedes? Yo voy a España, me siento con Enrique Rojas o hablo con Fernando Savater y uno se pregunta cómo aprendió. Porque en la vida lo importante es aprender. ¿Cómo hacen ustedes para ser tan inteligentes? Fíjese qué casualidad que tienen inteligencia y el país está creciendo.

JAM: - Eso es importante. La única posibilidad de prosperidad es desarrollar la inteligencia social. Hay países inteligentes y hay países estúpidos. España ha tenido una historia de estupidez política, social, y lo hemos pagado muy caro. La estupidez social es que todo el conjunto de la ciudadanía, por el hecho de vivir en esa sociedad, crea más problemas de los que es capaz de resolver y eso lleva siempre a algún tipo de estallido. En nuestro caso un estallido terrible fue la Guerra Civil. Hemos aprendido la lección, entonces en el momento de la transición de Franco, España dio un ejemplo de inteligencia social. Lo que nos propusimos fue resolver los problemas que teníamos y supimos hacerlo. Porque nos amenazaban cosas por todas partes: nos amenazaba la historia, las venganzas, los odios. En estos momentos hay una parte de la sociedad española muy estúpida, cada uno de ellos como personas será sumamente inteligente, pero como agrupación, como sociedad es muy torpe porque crea problemas que no sabe resolver, abre la caja de los truenos y luego no sabe cómo meterlos, que es el país Vasco. El país Vasco es un claro ejemplo de falta de inteligencia social. Allí las personas no se entienden, se dejan llevar por sentimientos y no por razones, se inhiben y, una cosa muy triste, se insensibilizan, acaban pensando que el mundo es así y no hay nada que hacer. Tenemos que insistir en la gran tarea de aumentar la inteligencia social.

BN: - A mí se me ocurriría también globalizar los sentimientos, una palabra poco usada en el mercado.

JAM: - Yo creo que debemos globalizar fundamentalmente a escala mundial dos: el sentimiento de la compasión y el sentimiento de la indignación. La indignación es un sentimiento que en castellano se ha precisado muy bien, es un tipo de furia que no se despierta por una ofensa que me han hecho, sino por una ofensa que le han hecho a la justicia. La indignación es el sentimiento de rabia ante una injusticia. Compasión es un sentimiento de tristeza ante el dolor ajeno. Globalizar la compasión y la indignación me parecerían muy buenas opciones.

BN: - ¿Cómo encuentras a la juventud española?

JAM: - La juventud española está instalada confortablemente en el desencanto. Muy desencantada pero muy confortable y eso es una mala señal, porque al final perderán el confort y se quedarán sólo con el desencanto, y entonces pensarán ¿pero qué es esta vida? Son muy sumisos, muy poco rebeldes, y están muy confortables pero muy desencantados.

BN: - La gente debe saber quién es el protagonista. Tú decías: una globalización donde no manden ni las grandes potencias ni los grandes negocios, sino la gente.

JAM: - El punto importante es que por muchos canales distintos se ha extendido la idea que conviene a muchos estamentos, instituciones, personas, que no hay un nexo entre la acción individual y los fenómenos sociales. Que haga lo que haga no voy a cambiar nada. Eso es mentira, y tenemos como gran tarea ética y psicológica urgente recuperar el sentido de que puedo hacer más por mi vida de lo que parece, entonces puedo ser protagonista. Y quien no vivió su vida se la van a vivir los otros.

BN: - Antes que empiece a extrañarte, ¿tienes algo para decirle a los jóvenes argentinos que desean volver a la patria de sus abuelos?

JAM: - Repetir lo mismo que os he dicho antes. Todos somos más inteligentes y tenemos más posibilidades de lo que nos hacen pensar. Hay dos versos de Machado muy bonitos, uno es "*Caminante no hay camino se hace camino al andar*". Y otro es: "*Hoy es siempre todavía*". Yo creo que el futuro no está hecho. El destino no existe. Hay una potencialidad creadora en la inteligencia humana y en el sentimiento humano que nos puede permitir abrir brechas donde parece que había sólo un muro. Lo que pido es que tengáis conciencia de esa gran facultad que es la inteligencia creadora y que la pongáis en funcionamiento. Va a ser bueno para vuestro país, para vuestra vida personal, para la felicidad de los que lo rodean, en fin, es una buena apuesta.

BN: - Sin palabras. Terminé.

Para que triunfe el mal,
sólo es necesario que
los buenos no hagan nada
Edmund Burke

BERNARDO NEUSTADT DIALOGA CON
JOSÉ ANTONIO MARINA*
EL 24 DE ABRIL DE 2002

BN: - Es un placer irme a España para hablar con José Antonio Marina... Filósofo mío, le mando un abrazo enorme.

JAM: - ¡Hola Bernardo!

BN: - Todo el mundo dice que la crisis es una oportunidad. En la Argentina, yo ya tengo 60 años de crisis, y no entiendo por qué la crisis tiene que ser una oportunidad. Si tengo un hijo enfermo y me dicen que tiene muy pocas posibilidades de salvarse, ¿cuál es la oportunidad?, ¿que se muera? ¿Me puedes decir si la crisis es una oportunidad según tu visión filosófica?

JAM: - Realmente, desde una estricta explicación filológica, crisis era el momento en que una enfermedad rompía su evolución y empezaba entonces a sanar. Pero ese indicador ya se ha perdido, y crisis significa una situación de incertidumbre, que suele angustiar demasiado para que la consideremos fructífera. Lo que sucede, es que una de las grandes posibilidades, uno de los grandes consuelos de la inteligencia, es que puede acabar si se tiene ánimo suficiente para encontrar posibilidades allí donde las realidades parecen empeñarse en decirnos que no tenemos salida. Eso es porque entra no en una cualidad de las crisis, sino en una cualidad de la inteligencia, sobre todo de la inteligencia creadora, que dice: no me voy a conformar con la impresión de

* José Antonio Marina, filósofo y autor de numerosas obras.

que no tenemos salida, no voy a aceptar los callejones, voy a intentar ampliar las posibilidades. Pero no depende de la situación. Ojalá hubiera no una situación de crisis, sino una situación de estímulo, de posibilidades brindadas, de alegría ciudadana, porque eso es lo que en el fondo estimula más la creación. Ojalá no tuviéramos crisis. Ojalá la crisis estuviera alguna vez en crisis.

BN: - ¿Cuál es la diferencia que hay entre crisis y decadencia? Nosotros estamos en decadencia, que es mucho más grave que la crisis. La decadencia arrastra resentimientos, el dolor de haber sido y el dolor de ya no ser.

JAM: - Si. Cuando se tiene sentimiento de crisis se tiene una cierta conciencia del dramatismo de la situación, hay inquietud. La decadencia tiene una cierta intoxicación y lo peor todavía es que uno acaba tomándole gusto a la decadencia. Hay personas instaladas en la decadencia, personas que lo hacen porque es una cierta excusa, es una cierta comodidad... Hay muchas personas que tienen una suave tentación de la degradación, disfrutan encontrándose mal. Recuerdo cómo me impresionó leer en ese magnífico libro que son Las Confesiones de San Agustín, que se le había muerto un gran amigo y decía: "*yo estaba muy tranquilo descansando en la amargura de la pérdida*", y eso era una intoxicación, una adicción como otra cualquiera. Creo que debemos rebelarnos ante esa sensación de duelo por lo perdido, que nos empantana en la tristeza y debemos liberarnos del gusto de la decadencia.

BN: - Te quiero aclarar, y te lo digo con el mayor cariño y respeto, que tu palabra llega a miles de oídos que buscan la reflexión... En la Argentina de hoy, para combatir la violencia, miles de argentinos que estaban en la calle, durante tres minutos hicieron sonar sus bocinas y tiraron papelitos. ¿Te parece que esa es una forma de arremeter contra la violencia?

JAM: - Creo que es necesario todo. Lo que pasa es que lo malo que tienen las manifestaciones es que son participaciones efímeras, y además participaciones que únicamente tienen una función de gesto, de gesticulación, y que por lo tanto tienen un campo de eficacia limitada. Hay que manifestar, pero hay que actuar también. Y hay que actuar a través de los sistemas de influencia que todos tenemos. Y eso es, Bernardo, lo que necesitamos en Argentina, en España, en todo el Mundo Occidental que en estos momentos se enfrenta a una guerra posible en Irak que no quiere y no sabe cómo pararla. Yo creo que tenemos que recuperar el sentimiento de que todos tenemos algún tipo de eficacia. Ese sentimiento de impotencia que tiene tanta gente y que nos bombardea con él desde muchos medios, creo que hay que invertirlo. Hay que insistir en el sentimiento de eficacia que tenemos, aunque sea minúsculo pero real, en nuestra familia, oficina, nuestra calle, nuestro barrio, en el momento de votar, de comprar, en el momento de decir a una persona: es usted un mentiroso. Ese pequeño círculo de influencia, que sumado a otros círculos pequeños de influencia, pueden hacer una gran fuerza y una gran movilización que cambie nuestra instalación en la vida. El problema está, como decía antes, quien se instala en la vida como en una especie de pesimismo decadente, pues acaba colaborando con el fenómeno del que se estaba sintiendo víctima. Vamos a recuperar nuestra dignidad y eficacia, y eso supone no sólo manifestarse, sino utilizar todos los procedimientos de influencia que tengamos a nuestro alcance.

BN: - Justamente sobre eso decía que, utilizando nuestro metraje para medir qué es la belleza y la fealdad, un señor asegura decir siempre la verdad, y le dice a una mujer: "adiós fea"; quizá le dice la verdad, pero no le ayuda para nada.

JAM: - Yo tenía una profesora que decía: la verdad sin la prudencia, es la virtud de los necios, porque efectivamente necesitamos estar en la verdad, pero en el momento de comunicar la verdad a otra persona, debemos tener la prudencia suficiente. Hay un momento en que tenemos que decirle al enfermo lo que le pasa, pero a lo mejor debemos dejar que pase un tiempo para intentar que recupere algunas fuerzas. La prudencia es una virtud maravillosa.

BN: - Te voy a contar una noticia. Cuando estuviste en la Argentina, ¿te llevaron alguna vez a Mendoza?

JAM: - Si.

BN: - La escena transcurre en Mendoza. Ayer, una cadena de supermercados puso un aviso clasificado para cubrir 360 puestos con salarios que rondan más o menos los $600, que serían U$S 200 por mes. Hasta ayer a la tarde se habían presentado 10.000 personas, aunque se pedía secundario completo la mitad eran universitarios. ¿Te da esto un espejo de lo que es la Argentina?

JAM: - Sí, es un espejo. Yo creo que todos los trabajos son honrosos. Pero es terrible que 10.000 personas vayan a pedir un puesto que además no está bien remunerado. Eso sí es para pensar... Y que vayan además universitarios, se trata de un gigantesco despilfarro de energías racionales. Es decir, lo que necesitamos es que los universitarios trabajen de una manera eficaz, en aquello que están capacitados, porque si vamos disminuyendo el nivel de aprovechamiento que tienen las fuerzas de una nación, cada vez nos empobrecemos todos. Necesitamos que los abogados sean muy buenos abogados, no que sean muy buenos dependientes de un supermercado. No porque sea deshonroso para ellos, sino que es poco productivo para la colectividad. De manera que esa me parece una noticia muy triste, porque afecta miles de historias privadas tristes y desalentadas, además de ser una mala noticia a nivel nacional.

BN: - Es horrible espiritualmente para los que tienen que hacer eso, porque cargan con el pesar de decir: *"¿estudié para esto?"*. Por último: una amiga mía, una escritora española, me decía el otro día que la presencia de la mujer de una forma tan multitudinaria en la oficina, en el Estado, en la sociedad, en los servicios públicos, ha masculinizado la vida en lugar de feminizarla. Yo pienso lo mismo. Creo que le ha quitado ternura y romance a la vida. ¿Tú qué crees?

JAM: - El asunto es tan importante y complejo que he hecho una pausa para hablar contigo y nuestros oyentes en la redacción de un libro que tengo que entregar esta semana a mi editor, que se llama "*El Rompecabezas de la Sexualidad*". En este momento se han cambiado tal cantidad de cosas en la percepción de los géneros, de la sociedad, que están surgiendo problemas terribles. Uno de ellos es que la mujer está copiando el éxito del hombre. Es decir, la mujer antes tenía un tipo de éxito femenino y ahora está asimilando los modelos del éxito masculino y eso no es bueno para el hombre tampoco, porque es verdad que la mujer había sentimentalizado la sexualidad por ejemplo, que ha sido su gran creación cultural, ha introducido unas pautas afectivas en un comportamiento que tendría que ser genérico e instintivo, y en este momento se siente insegura en ese campo y está copiando la sexualidad del varón, una sexualidad para poner entre comillas. Reformular de alguna manera la relación entre los sexos se está volviendo un problema grave, como también se está volviendo un problema grave el hacer compatible la vida laboral y familiar. Eso, en España y en todos los países del mundo desarrollado, es un problema muy grave. La mujer no puede volverse a la casa y no trabajar; sin embargo están pesando sobre ella las tensiones de intentar coordinar la vida laboral y la vida familiar y yo creo que nos tenemos que tomar en serio resolver esos problemas.

BN: - Además la calle es tumultuosa. No ayuda. Y llegan los dos cansados y no tienen ganas de hablar de amor.

JAM: - Exactamente. En los países que están pasando por graves dificultades económicas, por ejemplo en países de Hispanoamérica como Perú, Venezuela o Colombia, es fantástica la ayuda que están proporcionando las mujeres al bienestar económico. Es decir, en un régimen económico de supervivencia, como por desgracia es posible que sea también en este momento la Argentina, el papel de la mujer es absolutamente indispensable. Es en ese nivel económico donde la participación de la mujer, por su astucia e inteligencia práctica, está salvando la situación.

BN: - Sí, está salvando el bolsillo..., lo que no sé es si están salvando el alma, porque ahí se perjudica la mujer, la familia, el hijo. En los Estados Unidos, hace como un año que se ha resuelto que las mujeres a las diecisiete horas tienen que dejar de trabajar, porque les preocupa ver que tienen más horas de trabajo que de familia.

JAM: - Sí, lo que pasa es que de hecho habría que reinventar la familia, porque resulta que en el tiempo que se tiene, incluso los días de fiesta, el promedio de conversación que hay entre el marido y la mujer es de 8 minutos al día. Vamos a ver si cuidamos también las relaciones personales, porque muchas veces no es que no se tengan relaciones amorosas porque se tiene demasiado trabajo, sino que se busca demasiado trabajo porque no me encuentro cómodo en mis relaciones amorosas, y prefiero la huída a un territorio más neutral, menos comprometido que el estar en la casa o en una proximidad mayor, de manera que muchas veces los problemas surgen en las dos direcciones.

BN: - José Antonio Marina, cuánta inteligencia junta. Déjame que te despida con un cuento que me han mandado que dice que hace miles de años un hombre caminaba por las calles a oscuras en una ciudad de Oriente con una lámpara de aceite encendida. La ciudad se tornaba muy oscura en noches sin luna como aquella, y de pronto encuentra a un amigo que sorprendido le dice: *"Pero, José Antonio, ¿qué haces con la lámpara en la mano, si tu eres ciego?"*. Y él le contesta: *"Es que yo no llevo la lámpara para ver mi camino, llevo la luz para que otros encuentren su camino cuando me vean a mí"*.

JAM: - Ojalá.... El mayor elogio que me gusta recibir no es tanto cuánta verdad me has dicho, sino que en un momento determinado me diste un poco de ánimo, porque creo que en el fondo, todos necesitamos más el ánimo que la luz... Porque todos tenemos más perspicacia de lo que creemos; lo que nos falta muchas veces es el ánimo.

BN: - Llámame con frecuencia, porque yo estoy perdiendo el ánimo.

JAM: - Un abrazo muy fuerte Bernardo

• • •

"Dios da las nueces,
pero no las parte"
Proverbio árabe

BERNARDO NEUSTADT DIALOGA CON
FERNANDO SAVATER*
EL 22 DE ABRIL DE 2004

BN: - El otro día el Ministro Beliz, tomando una frase de Martín Luther King, dijo: *"El miedo golpeó a mi puerta, la fe la abrió y no había nadie".* Y cerró así su paquete de seguridad nacional. Yo confieso que miré mi casa y me sentí inseguro. Ya saben todo lo que tienen que sacar y no saben lo que tienen que poner. Muchas veces me acusaron, y no sin razón, de ser un simplificador. La verdad que soy un simplificador, porque de esta manera yo quiero llegar a la gente para que entienda por qué nos quedamos sin gas... ¿Por qué un país gasífero tiene que comprarle cuatro millones de metros cúbicos a Bolivia y pagarlo el triple del precio mundial? Yo creo que Doña Rosa quiere saber, entonces tengo la obligación de bajar el tono y no hablar en términos de geopolítica. El Presidente vino con un ánimo de cambio fundacional. Cada Presidente que llegó al poder en la Argentina dijo: "Voy a fundar la República", y finalmente, la dejan fundida. Napoleón decía que lo único que no se debe hacer con el enemigo es interrumpirlo cuando está por terminar de equivocarse. Nosotros odiamos el éxito y amamos el fracaso. Lo que tenemos de bueno aquí es que ETA nos imita. Ayer inauguró un museo sobre terrorismo, y el jefe de la ETA dijo que él intervino en más de 500 muertes. ¿En España?, Sí, pero no lo hizo el gobierno. Fue organizado por los terroristas. El gobierno vasco hoy lo cerró. El ESMA vasco ya no existe. No vale la pena seguir... Cuando me preguntan si yo tengo esperanza digo que sí, lo que no tengo es confianza. Y ahora me pregunto: ¿Quién es Fernando Savater?

---

* *Fernando Savater, filósofo y escritor español.*

Simplemente un filósofo de este tiempo. ¿Usted tiene alguno cerca de su casa? Y, ¿qué es un filósofo? Es un pensador. Ayuda a pensar. Mi cabeza fue modificada muchas veces por Fernando Savater a la distancia y él lo sabe. Veía al mundo de un lado y él me decía: hay otro mundo posible. Otro filósofo español, José Antonio Marina, también me ayudó mucho. Y hoy tengo que pedir ayuda, por favor Fernando, explícame un poco: ¿por qué yo tengo tanto terror al terrorismo, de cualquier orden que sea?

FS: - Bueno, es justificado porque el terrorismo que antes era una desgracia muy puntual, aislada y que afortunadamente ocurría de tiempo en tiempo, se ha convertido en el plan cotidiano, en el plato cotidiano de cada uno de nosotros. Recuerdo una novela de un escritor de ciencia-ficción polaco, Stanislaw Lem, que se llama "*El congreso de futurología*", que era un congreso que se iba a celebrar en algún lugar de América, donde se iban a encontrar futurólogos. Y mientras tanto, constantemente estaban viviendo atentados terroristas. Entonces cuando el congreso se iba a realizar, volaba la sala y tenían que irse a otro lugar. Pero volaban el ascensor por donde bajaban. Era una cosa entre terrible y humorística. Pero desgraciadamente nosotros estamos llegando un poco a vivir "*El congreso de futurología*" de Lem, porque los atentados ya se están convirtiendo en algo cotidiano y además cada vez mayores. No es sólo el asesinato de una persona, sino que ya es volar un tren lleno de criaturas. Realmente eso es una preocupación, porque cómo vamos a organizar la versión sobre esos acontecimientos.

BN: - Fernando, ¿qué lleva a un hombre formado en la Complutense, qué lleva a un pensador que vive tranquilo en su casa a salir a gritar basta ya, a comprometerse? ¿Eres un condenado a muerte o no?

FS: - Todos los seres humanos estamos condenados a muerte.

BN: (Risas) - La ETA te quiere mucho, ¿no?

FS: - No, la ETA no me debe tener demasiado cariño. Desgraciadamente hay muchas personas en España que viven bajo amenaza por una u otra razón. Yo intenté participar porque me parece que hay personas que hemos recibido mucho de la sociedad, hemos tenido mucha suerte en la vida. Yo he tenido una familia pudiente y cultura y estudios e incluso aplauso social, entonces algo tiene que dar uno a la sociedad. A mí me parecía que podía hacer algo en el terreno de movilizar a la gente contra el terrorismo, contra ETA, y ese es el plan, pero entre muchas otras personas. Yo quizá me he aprovechado un poco de que soy una persona conocida para reforzar ese movimiento contra ETA.

BN: - ¿Has visto la pasión de Jesús? Trabaja un argentino: Pilatos. Nosotros nos lavamos las manos. Creo que es muy lindo incorporarse a movimientos que tienen seres humanos con dolor. ¿Has tenido alguna pérdida en tu familia?

FS: - No. He perdido amigos muy próximos.

BN: - Dime una cosa, ¿el periodismo de hoy es una información, da deformación o difamación? ¿Me informa o me desnutre? Es decir, lo veo muchas veces acoplado al pensamiento terrorista, con el cuento de los pobres, del dolor, de que no tengan independencia. Yo soy periodista hace sesenta y cuatro años y siento que mi corporación hoy está gravitando de otra manera. ¿Tú no?

FS: - El periodismo o los medios de comunicación son a la vez informadores y creadores de la noticia. Yo creo que los periódicos forman parte de las noticias. Fíjate que uno lee un periódico y la mitad de las noticias son noticias que aparecen en otros lugares. Es decir, la noticia es que apareció la noticia en otro sitio. Entonces yo creo que hay noticias que se convierten hasta en sí mismas en una especie de intervención en lo real, a veces para bien. Creo que mucho de los males de nuestros tiempos no hubieran merecido atención si no fuese que la prensa y la televisión hubiesen insistido sobre ellos y han hecho que todo el mundo tome conciencia, pero a veces también se prestan a manipulaciones, a abusos.

BN: - Ayer inauguró un museo la ETA y el gobierno vasco exige su cierre. Hubo un jefe terrorista que dijo que él había participado en 500 acciones. ¿Es tan legal todo en España?

FS: - Supongo que no. A veces uno se queda sorprendido por este personaje al cual, por cierto, ya llamaban en su época histórica el "cabra". Obviamente esto significa que no era una persona muy de fiar, ni siquiera para los suyos, pues el "cabra" ha escrito un libro con sus memorias. Entonces no se le ha ocurrido mejor cosa que, en el pueblo donde es alcalde - pobre el pueblo que tiene de alcalde a este señor - organizar una exposición. Pero en realidad esa exposición es para promover el libro. Porque él lo que quiere es promocionar su libro y naturalmente ha llamado la atención. Yo también lo he leído esta mañana en El País, y me he quedado un poco perplejo.

BN: - Te voy a pedir otra ayuda. Estuve el otro día en un debate donde sostuve, espero que no equivocadamente, que el pacto de la Moncloa, esa felicidad y resurgimiento de una España que yo vengo viviendo desde hace más de diez años, es el producto de una enorme reconciliación, una amnistía que nos dice que el pasado no se toca, miremos para el futuro. Esa sensación me la dio un día Felipe González y también me la dio Aznar, dos pensamientos distintos. ¿Cómo se logra que en un país que tuvo riñas internas con un millón de muertos, con cuarenta años de Franco hoy puedan convivir sin revisar el pasado?

FS: - Hombre, claro, el problema es que en la Argentina el pasado es más próximo que el pasado de España. En el caso de España, se tuvo la suerte o desgracia porque fueron 40 años de dictadura, pero se fue alejando el pasado. Entonces, cuando empezó a hacerse la transición, la mayoría de los grandes protagonistas del pasado ya estaban como muy arrumbados y olvidados. El que quedaba era Franco, que fue el último que murió. Siempre que la herida esté muy cerrada ayuda, pero es verdad que hay que hacer un esfuerzo en todos los órdenes porque lo que se trataba era que si no se puede hacer justicia en el sentido penal del término, por lo menos hay que hacer una reparación en el sentido económico sindical, que es lo que se hizo en España. En España se optó por decir: vamos a dar las cosas sin castigar a las personas. Dejemos a las personas pero demos las cosas que se han perdido.

BN: - Hago una acotación que no es para desmentirte. España tiene 23 años de democracia, nosotros 20. Nosotros estamos hoy detenidos en los ´70. Hoy nuestros hijos, tienen 24, 25 años, no participaron de nada y si son militares están condenados. Eso me preocupa, porque yo tengo odio al odio. Amo la reconciliación. Ahí te hago una pregunta: ¿no es bueno el olvido, el perdón?

FS: - Bueno, yo creo que lo que es bueno es una postura cuerda, diciendo que hay cosas reparables, otras irreparables y hay el miedo a mantener un volcán siempre con las brasas a punto de encenderse. Por otra parte no se puede simplemente pasar una esponja. Otros dicen: recordemos pero no encendamos. Vamos a saber que eso pasó, que está ahí, que realmente tuvo o tiene efectos muy largos, irreparables para algunas familias. Pero por otra parte nos dediquemos constantemente a reinventar como presente lo que es pasado. No me parece mal que el pasado sea visto como pasado, lo que me parece mal que sea visto como presente porque esa es una contradicción.

BN: - Una costumbre nacional que hemos tenido a través de muchos presidentes, es que vienen para fundar el país, como que nunca hubiera existido nada.

FS: - Esa tendencia debe ser muy latina porque en España pasa igual. Cada presidente que llega augura que el mundo empieza y acaba con él.

BN: - Lo que pasa acá es que después, en lugar de fundarlo, lo funde.

FS: - Eso es otra cosa.

BN: - Siempre pensé viendo algunas imágenes de filósofos del pasado que eran hombres demasiado serios, casi iracundos. Tengo la sensación de que Fernando Savater es bastante divertido.

FS: - Bueno, yo soy una persona bastante alegre, tengo sentido del humor, pero también soy muy iracundo.

BN: - ¿Qué visión tienes en general de cómo hoy se están educando los hijos? Con tanta vida cómoda, en algunos casos.

FS: - Creo que la educación es un problema importante en casi todos nuestros países. Primero porque la educación buena es muy cara y hay que invertir y el maestro tiene que estar bien tratado, tiene que tener posibilidad cada cierto tiempo de reciclar sus conocimientos, por lo tanto tiene que ser sustituido por otro. Es decir, en España hay una inmigración muy fuerte, muchos de esos inmigrantes exigen una educación especializada, porque tienen que aprender la lengua para ponerse a la altura de los chicos de su propia edad. Todo eso es caro. Y yo creo que es muy importante, porque cuando hablamos de terrorismo, o de los medios de comunicación, la educación es fundamental. Hay que educar para evitar la crueldad o la violencia, pero también hay que educar para saber manejar los medios de comunicación. Yo creo que hay que enseñar a leer el periódico, a ver la televisión, porque depende en buena medida la vida de las personas de eso.

BN: - ¿No habría que tener una escuela para padres?

FS: - Los padres también se educan a través de sus hijos. Yo creo que los hijos según van siendo mejor educados van educando retrospectivamente a los padres y todos los padres sobre todo si son sensatos, aprovechan para aprender cosas.

BN: - Un ex colega tuyo que ya no está en el tiempo, Pitágoras decía: *"Educad a los niños y no tendrás que castigar a los hombres"*. ¿Qué quieres cambiar de los mandamientos? Si suprimes el no, yo creo que se cumplen todos.

FS: - Hay algunos que convienen mantener como están: el no matarás, no mentirás, no robarás. Esos están bastante bien como están. Otros, por ejemplo: no desearás a la mujer de tu prójimo, es un poco más raro... ¿Qué ha hecho la mujer del prójimo para no desearla?

BN: - Hay que tener cuidado de que no pongan: no desearás al prójimo.

FS: - Exactamente. Cada cual puede tener sus gustos.

BN: - Pasado el tiempo, lo vi el otro día a Rodríguez Zapatero diciendo: "*No tengo tiempo para levantar la alfombra y ver cómo gobernó Aznar y perseguirlo*".

FS: - Sí, pasa que hay gente que se alimenta de lo retrospectivo, se pasan la vida ajustando las cuentas y evitando que se las ajusten a ellos.

BN: - Veo como funcionan los judíos con los alemanes después de los campos de concentración; veo a japoneses con norteamericanos..., la bomba atómica cayó ahí, hacen negocios, van juntos. En cambio, nosotros, en tres millones de kilómetros cuadrados ahora no tenemos gas y nos vivimos peleando. ¿Cómo se llega a explicarles que desde la razón y la lógica, y no desde el odio, podemos vivir mejor?

FS: - Creo que la propia experiencia histórica lo va demostrando. También la mejora de las circunstancias sociales. El hecho que uno vea claramente que hay ciertas cosas que no volverán a pasar. Porque a veces el problema es que hay cosas en la realidad que reavivan la memoria. Fíjate que hablábamos antes de España... Es curioso que después de la muerte de Franco desapareciera el franquismo por completo. En Italia había un partido neomusolineano, neofascista; en Alemania han habido grupos que han intentado reimplantar las ideas nazis o parecidas; en España no ha habido ninguna posibilidad de reimplantar un partido neofranquista. Porque ni los neofranquistas lo han querido hacer. Entonces ésa es una forma de no reavivar el pasado, que es hacer imposible su presencia en el presente. Y ese yo creo que es el camino para llegar.

BN: - He estado en Galicia y me encontré con Fraga Iribarne, que ha sido Ministro de Información y Turismo de Franco. Ha sido elegido por el pueblo gallego cinco veces y nadie dice: "¿Pero usted no estuvo con Franco?".

FS: - Algunos sí se lo dicen. Otros lo votan, pero algunos sí se lo dicen.

BN: - Acá no podría ni ser votado. Quería pedirte otro favor como si fueras la Cruz Roja. Me acuerdo que nosotros llegamos a darle trigo a una España que tenía hambre y hoy gracias a los españoles anda el teléfono, la luz, el gas. Caro o no, no importa. ¿Cómo hicieron ustedes?

FS: - España ha tenido suerte en su ubicación geográfica. Si hubiera estado ubicada donde está Bolivia, verdaderamente ni la transición democrática se hubiera hecho, ni la prosperidad económica sería la que existe hoy. Tenemos la suerte de estar en una Europa, que mal que bien, es una garantía tanto de democracia como de desarrollo económico. Estamos subidos en un barco bastante seguro. En otras latitudes las cosas son más difíciles.

BN: - Por una curiosidad personal, ¿alguna vez relees tus libros?

FS: - Nunca, jamás. Siempre estoy pensando en el siguiente.

BN: ¿No te gustan?

FS: - Me gustan los de los demás.

BN: - ¿Son hijos que ya se fueron?

FS: - Exactamente, de los libros me libero. No los guardo.

BN: - Mil gracias.

FS: -Gracias.

• • •

Bernardo Neustadt

Me interesa el futuro porque es donde
voy a pasar el resto de mi vida.
Woody Allen

Solamente aquél que construye el futuro,
tiene derecho a juzgar el pasado.
Friedich Nietzsche

BERNARDO NEUSTADT DIALOGA CON
ENRIQUE ROJAS*
2004

BN: - Si yo hubiera tenido que pedirle a mi vida, en el mes que se está cerrando donde acabo de cumplir 79 años, empezar el programa con alguien, le hubiera dicho a Dios: *"O me das en primer término con Enrique Rojas, o con José Antonio Marina, o con Fernando Savater".* Porque es bueno saber que hay hombres de ciencia, pero es mejor que seamos hombres y mujeres de conciencia. Es bueno saber lo que tenemos que hacer, pero es mejor hacer lo que debemos hacer. Es bueno hacer planes, pero es mejor llevarlos a cabo. Es bueno hacer promesas, pero es mejor cumplirlas. Mi consejo es: no te aferres al pasado ni a los recuerdos tristes. No reabras la herida que ya cicatrizó. No reavives los dolores o sufrimientos antiguos. Lo que pasó, pasó. De ahora en adelante una vida nueva. Construir, construir, construir, sin mirar atrás. Hay que hacer como el sol, que nace cada día sin pensar en la noche que pasó. Vamos... Levántate porque la luz del sol está afuera. Y dentro de mi vida y de mis conocimientos está el doctor Enrique Rojas, psiquiatra, pensador notable de España.

ER: - Buenos días Bernardo. Muchas felicidades por tu cumpleaños.

* *Enrique Rojas, Psiquiatra, autor de varios best-sellers.*

BN: - ¿Es muy fuerte tener 79 años?

ER: - La edad no depende de los años, sino de las ilusiones por cumplir. Hay mucha gente con 30 años que está vieja, y hay gente con 79 que está joven. La juventud no depende de las arterias, sino de lo que está por dentro de uno. La ilusión es la juventud por dentro. Tener cosas que tiren de ti, que empujen, que te hagan seguir dando batalla, y enseñándole a la gente a salir delante de esta vida que se ha vuelto tan complicada y difícil.

BN: - El otro día leí un libro muy profundo. Se llama "Grandeza y decadencia de casi todo el mundo". Temo, Enrique, que estemos en el comienzo de la decadencia, pero no por razones económicas, sociales, de pobreza o hambre, sino por razones de amoralidad. ¿Estoy lejos de tu pensamiento?

ER: - No, no estás lejos. Fíjate que en este momento el tema es dramático en ese sentido. Cómo está el ser humano tan perdido. Hay fronteras muy tenues, límites muy difusos entre unas cosas y otras. Entonces nos encontramos con que en la libertad bien utilizada es muy importante la ética. La ética es el arte de usar de forma correcta la libertad. Mientras que la libertad sin fronteras, nos lleva al ser humano que está viviendo ahora, muy perdido. Los psiquiatras nos hemos convertido en médicos de cabecera de medio mundo. ¡Quién iba a decirlo hace 30 años! Cuando yo era un chaval, los psiquiatras eran los médicos de los nervios, médicos de la cabeza. Y ahora hemos pasado a ser los médicos que estamos al pie de los acontecimientos. Esa es la realidad.

BN: - En este momento estoy en los Estados Unidos donde acaban de prohibir por ley que los homosexuales adopten niños. ¿Qué te parece?

ER: - Se produce una permisividad tan fuerte en el mundo, que el problema es ¿A qué le pones coto? En Europa, el país más roto, más descompuesto, es Holanda. El otro día vi un reportaje en la TV sobre la relación sexual con animales. ¿Por qué tú no puedes tener relaciones sexuales con animales si te apetece? Al no haber territorios prohibidos, pues lógicamente es lo que ocurre. La homosexualidad como conducta hay que analizarla, no se puede hacer un juicio a priori de ella. Hay una homosexualidad congénita que es muy pequeña, un 2 a 4% y la homosexualidad adquirida, que es mucho más compleja. En una sociedad que ha convertido el sexo en un bien de consumo y en un Dios. Entonces la sexualidad es un lenguaje del amor. Todas las relaciones sexuales arrancan, brotan, emergen, parten de la ruptura entre amor y sexualidad. El turismo sexual, sin ir más lejos... Fíjate Cuba, un país tan querido por nosotros, que después de la revolución del año 1959, tiene en la prostitución una fuente de ingresos muy fuerte. Esto es muy duro para nosotros, que una revolución que nació con tanta esperanza, haya terminado en esto.

Estoy terminando un libro sobre el "Deseo". La tesis del libro es que la felicidad consiste en un equilibrio entre lo que he deseado y lo que he conseguido. Hay un territorio intermedio. Por allí busco yo que esta sociedad que está tan desarrollada en lo técnico y tan mal en lo humano, pues encuentre nuevos caminos. En sociedades muy decadentes, la única solución es una guerra. Nosotros tenemos muy pocas guerras ahora. Europa goza de una gran salud en ese sentido. En América todavía hay muchos grupos de guerrilleros, por ejemplo en Colombia o en otros sitios donde la pobreza, la miseria están a la vuelta de la esquina.

BN: - Enrique Rojas, te quiero contar que en ese libro *"Grandeza y decadencia de casi todo el mundo"*, han probado que grandes imperios como el romano, el español, el turco han caído no por revoluciones sociales, económicas o políticas, sino por amoralidad. El Papa acaba de pedir que la televisión aliente los valores familiares en lugar de destruirlos.

ER: - Hay que pensar ¿Adónde va la corriente? La corriente no tiene una medida. Ahora en España, todos los días, en casi todas las elecciones públicas y privadas hay 4 horas dedicadas a las revistas del corazón. En Inglaterra la gente se apasiona por la vida rota de los personajes conocidos, por ejemplo sale el mayordomo del Príncipe Carlos contando unas historias de capuletos y montescos. Sale el padre del amigo de Lady Di, contando otras batallas. El próximo sábado sacaré en el ABC de Madrid, en el que escribo desde el año 1984 un artículo que le he llamado "*El Síndrome de Amaro*". El Amaro es una planta que tiene una base labiada, con una parte con forma de corazón en su interior, que huele muy mal, pero que cura las heridas de otras personas cuando se usa como tópico, en forma de crema. El síndrome consiste en la pasión desmedida por la vida de los personajes conocidos, siempre que está rota. Interesa la vida ajena, cuando está partida. Entonces me detengo, y la comento, y sirve de tema de conversación, de análisis y me pongo a favor o en contra de esos personajillos que aparecen una y otra vez en las revistas del corazón, o en la televisión.

BN: - Este mundo de comunicación, de tecnología, de e-mail, de Internet... Yo pensé que era para bien del mundo. Hoy, en la distancia, yo creo que nos ha perjudicado en la educación, en la cultura y en nuestra moral. No se que opinas tú.

ER: - Internet tiene la ventaja de que te comunicas con la otra parte del mundo. En 10 minutos estás conectado con el último hospital de Chicago, de California, de Japón, o del último lugar del mundo. Pero al mismo tiempo cuando entras en Internet te das cuenta que hay mucha pornografía. Esto es lo que existe en este mundo y uno tiene que manejarse entre esas masas de tendencias e inclinaciones negativas. Porque es fácil perderse en este mundo tan repleto de contradicciones.

BN: - Es curioso. Los medios donde aparecen todas esas escenas, están en manos de señores capitalistas y muchas veces católicos algunos, no digo de comunión diaria, pero que hablan de Dios, de la ética y de la familia.

ER: - Hoy no necesitamos gente que hable muy bien de las cosas sino testimonios. El testimonio de una vida lograda es ejemplar, pero tiene que ser la vida vista en su totalidad. Yo no distingo lo privado de lo público. La vida tiene una unidad, y la unidad de vida significa que uno

    Bernardo Neustadt

es capaz de juntar en una misma frecuencia todos los grandes temas. En este libro que estoy haciendo hablo de la integridad. Esto se ve en la relación sexual. Cuando una persona tiene una relación sexual íntegra, significa que es capaz de integrar la parte física (la genitalidad), la parte psicológica (la afectividad, los sentimientos, la conciencia) y la parte espiritual (la dimensión metafísica). Eso es en una relación íntegra. Estamos en un mundo muy perdido, porque a los grandes comunicadores no les interesa, no quieren, no pueden, o no les da la gana de esclarecer los hechos y entonces esto es lo que ocurre.

BN: - Yo no entiendo -porque seguramente soy muy bruto- que si estamos luchando para conseguir el bien, cómo terminamos consiguiendo el mal. ¿De qué manera podemos acercar a los niños al pensamiento y a la lógica? ¿Es malo para ellos comenzar a pensar desde pequeños?

ER: - Los niños son los filósofos naturales que hacen las preguntas básicas: *"¿estás feliz?; ¿por qué esto sí y aquello no?"*. Pero hoy nos encontramos con niños que están muy desatendidos. Hay una cosa muy importante en la sociedad actual que es la ausencia de padres. Los niños son educados por la madre. Mientras el padre está ausente..., o bien porque está trabajando demasiadas horas, o porque están separados... Y eso implica una cosa muy negativa. El padre da una nota muy distinta a la que da la mujer con su intelectualidad y, entonces es muy importante en la educación una cierta filosofía, que es el arte de pensar. La educación de un niño nace en la familia, ella es la primera gran educadora, si no sucede así, pasa lo que ahora, masas de gente inculta, sin base, sin criterio, sin saber a qué atenerse. Toda educación es artesanía.

BN: - Enrique, quería contarte un poco lo que estamos viviendo en la Argentina. Nuestro Gobierno, elegido por una minoría, dice que en Cuba no se violan los derechos humanos. Entonces uno ya empieza a decir ¿de qué se trata? ¿Cómo puede ser que no se violen los derechos humanos en una sociedad que quiere salir de su ostracismo y hace 50 años que no pueden elegir el Presidente?

ER: - Cuba es un sistema agónico. Hoy Cuba vive gracias al turismo. La caña de azúcar está en muy mal estado, la relación con Rusia es mínima y da mucha pena que un país tan querido como Cuba esté como está. Fidel Castro es un dinosaurio, y es una pena, porque los que habitan allí son seres humanos. Piensa que un médico en Cuba después de 10 años de carrera gana 20 dólares al mes. La gente quiere ser en Cuba portero del hotel y taxista. Tú sales de la puerta del hotel a tomar un taxi, y el portero que está en el hotel te abre una puerta y le das un dólar, o dos y él gana doce. Es un sistema absolutamente absurdo. Hay tiendas para diplomáticos donde puedes comprar todo, pero es sólo para gente rica. Es una cosa kafkiana, penosa, porque se trata de seres humanos que están sufriendo. Salen ampollas al hablar de Cuba. El otro día vi un programa en la CNN sobre la prostitución en Cuba: las chicas con 14 años se venden por una pastilla de jabón.

BN: - Voy a estar el 13 de marzo en España, porque tengo ganas de acercarme al momento en que los españoles decidan quién va a ser su nuevo Jefe de Gobierno. Cuando el Presidente Aznar era muy joven tuve la oportunidad de conocerlo. Comenzaba su gran carrera. Una vez le pregunté cuál era el primer concepto del pacto de Moncloa que los argentinos quieren imitar. Me dijo que consiste en simplemente no hablar del pasado, ni de la guerra civil, ni de Franco. En la Argentina inversamente cada Gobierno que llega nos recuerda al anterior. Y el anterior nos recuerda al anterior. Y en estos momentos estamos detenidos con las agujas del reloj en el año '70. Entonces quería preguntarte, a tu juicio: ¿quién puede tener el poder más cerca en sus manos? ¿José Luis Rodríguez Zapatero por el Socialismo Obrero, o Mariano Rajoy por el Partido Popular?

ER: - Creo que los dos son muy buenos, ambos tienen muchas cosas positivas. En los votos está muy ajustado el tema. Yo creo que están a mitad - mitad. Quizá es bueno un paso de unos años por un socialismo de corte europeo. Yo creo que sería muy bueno para España.

BN: - Última consulta: desde el punto de vista de vuestra formación, debes estar más cerca de un programa liberal, y sin embargo nos dices: "*le hace mejor a España*". Y dejas en claro que a la hora de votar, hay que pensar en lo que le hace bien a España y no a uno.

ER: - Creo que los socialistas tienen mucho sentido. El tema es que al final hay pequeños matices entre unos y otros, hay matices educativos. Aznar ha hecho muy poco por mejorar la televisión, ha sido un gran error del gobierno.

BN: - Ahora sí te voy a hacer una última consulta que tiene que ver con mi espíritu y creo que me vas a ayudar. Vivo en un país donde pasan muchas cosas. Y pese a todo lo que ocurre no he perdido la esperanza, que la tengo siempre porque soy una persona de Dios... Pero, ¿sabes qué he perdido? He perdido la confianza.

ER: - Confianza y esperanza son dos cosas muy distintas. Esperanza es ver el futuro como algo positivo a pesar de todo. Hay una frase que decía: "Optimismo de la inteligencia y pesimismo de la voluntad". Hay un pesimismo frente a la realidad porque ha sido nefasta, se ha negado en los últimos años en la Argentina de forma evidente, porque lógicamente hemos sabido que los presidentes han ido a lucrarse, a sacar dinero y a ganar a nivel personal. Fíjate, Aznar se va y no creo que se haya enriquecido, habrá ganado lo que gana un presidente de gobierno y las dietas, pero no creo que se compre un chalet de quinientos millones de pesetas. Este es un tema importante, si a la política no la dignificamos con la ética, pues vienen las cosas que vienen y pasa lo que está pasando.

BN: - Te agradezco muchísimo. Estoy a dieta de la confianza, y estoy pleno de esperanza. Porque si Dios me hizo vivir hasta los 79 años es porque me esperaba un mundo mejor, acá en la tierra o en el cielo. En cualquiera de los dos lados nos vamos a ver Enrique Rojas y gracias por todo.

ER: Dios lo quiera. Un abrazo muy grande.

●   ●   ●

Las batallas contra las mujeres
son las únicas que se ganan huyendo.

Napoleón Bonaparte

BERNARDO NEUSTADT DIALOGA CON MARÍA ESTER ROBLEDO* (2003)

BN: - María Ester Robledo, ¿qué piensas del rol de la mujer? Te voy a dar mi posición, yo soy profundamente feminista... No quiero decir que sea femenino, te aclaro, por las dudas. Todo mi equipo está integrado por mujeres, salvo uno que soy yo. Quiero aclararte también que lo he sido toda mi vida, tengo una enorme admiración por la mujer. He llegado a la conclusión de que es superior al hombre, porque engendra vida. Pero estoy muy aterrado con este crecimiento de la mujer fuera de casa, de la mujer creciendo de una manera casi desbordada, no sólo alcanzando al hombre, sino superándolo. Y tengo miedo de que en lugar de "femenizar" al mundo, lo "masculinice". A partir de ahora te escucho, con un placer que no te imaginas...

MR: - La verdad es que el tema de que se masculinice el mundo existe porque cuando una mujer comienza a trabajar mucho y de algún modo se aparta de otras áreas femeninas, empieza a masculinizarse. Yo eso lo he notado en mí, porque trabajo hace veinte años mucho, y uno empieza a adquirir aptitudes masculinas. Por ejemplo: no tiene tiempo para escuchar, quiere que se lo cuenten todo y rápido. Si te llama tu madre en la noche, tú quieres que te cuente rápido. Otras veces comienzas a enmudecer cuando tienes un problema, siendo que un rasgo típicamente femenino es hablar mucho. Así, de algún modo uno se empieza a dar cuenta de que se masculiniza. Efectivamente, eso empobrece al mundo, entonces hay que parar a tiempo y tomar medidas.

* María Ester Robledo, Consejera de la Fundación Hacer Familia y Directora de la revista Hacer Familia de Chile.

BN: - ¿Y qué medidas hay que tomar?

MR: - Cuando recién salí de la Universidad, se decía mucho que uno no pude pretender ser la súper mujer. Estaba muy de moda esa frase. Después de 20 años he llegado a la conclusión de que es mentira. Que uno cuando decide tomar un camino profesional intenso, tiene que pretender ser una súper mujer, más bien una estrella. Yo he pretendido ser una estrella, porque una se tiene que sacar cinco puntas muy importantes que son: la vida familiar, la vida profesional, cuidar la parte social, cuidar la parte física y cuidar la parte espiritual. Si uno logra sacarse esas cinco puntas todos los días, creo que evita esta obsesión por el trabajo que lleva a perder la feminidad.

BN: - Quiero contarte, María Ester, que hace unos veinte años, soy muy propenso a tener una mujer al lado, no atrás, tampoco me gusta adelante. Aunque, si fuera por mí, tengo ganas de dependencia. Tengo muchas ganas de ser mantenido por una mujer. Generalmente tuve que mantener, así que sueño con el mantenimiento.

MR: - Me imagino. Yo también.

BN: - Te contaba que hace veinte años, a Esther Vilar, autora de un libro que se llama "El Varón Domado" le pregunté si esta mujer importante de hoy, va a hacer un matrimonio más corto y una familia menos fuerte. Ella me aseguró que no y me dijo que soy machista. Y la verdad es que no, no soy machista. Quiero la mujer al lado porque si se pone adelante, perdemos la ternura del mundo. La escritora me insultó, me gritó, me dijo machista y creo que hoy, 20 años después, desde el punto de la ternura al mundo no le va muy bien.

MR: - ¿Sabes lo que pasa? La mujer se cansa distinto que el hombre. Una se cansa más. Entonces una mujer cansada es una mujer que recrimina al hombre. Porque cuando una está cansada le echa la culpa al hombre que tiene al lado de que no la ha cuidado lo suficiente. Yo esto lo he visto en muchas mujeres que trabajan y cuando tienen una crisis profesional, porque tienen problemas de trabajo, inmediatamente empiezan los problemas de pareja. Porque dentro de la ilusión femenina, está que el hombre te cuide y, de alguna manera, es como el Príncipe Azul que te salva de los problemas. Incluso en el trabajo. Entonces, si no te salva, lo culpas a él. Hay que tener mucho cuidado con el cansancio. Cuando una está muy cansada, tiene que saber que lo que viene adelante es un conflicto de pareja. La mujer no tiene que descuidar la parte física. Una cuando trabaja mucho se descuida físicamente en el sentido de que deja de hacer deporte, se alimenta mal, y eso a partir de los 40 años te afecta.

BN: - ¿Qué han ganado con la independencia?: tener doble trabajo, afuera y adentro. ¿Qué han ganado? ¿Cuántas horas de madre, de esposa, de hija, de amor, de ternura tienen? Seguro muchas más de trabajo.

MR: - Mira, yo no cambiaría la época en que vivo pero por ningún motivo. Encuentro que la gracia de vivir en la época que me tocó vivir, es que yo he podido elegir. Ahora, dentro de la elección está por supuesto mi rol de ser madre y tomar medidas a tiempo para estar en mi casa. El año pasado fui a un congreso en Buenos Aires y les conté algo que les dio mucha risa. Todavía en Chile tenemos servicio doméstico puertas adentro. Pero cuando vi que mi vida profesional me estaba comiendo, opté por tener servicio hasta las 6 de la tarde, porque era la única manera de obligarme a estar en la casa, cocinar, retomar todos esos ritos femeninos, y tengo un delantal que dice LA REINA. Y se reían mucho porque yo les decía que una cosa es servir a la familia y otra malcriarlos. Que ellos reconozcan que lo que yo hago con una comida bien hecha, no es un derecho adquirido. A esta altura, de verdad, hay que decirle muchas gracias a la mujer, porque hoy día hacer un guiso cuesta más que tiempo atrás, una tiene menos tiempo. Yo te digo que he ganado en libertad, y el año pasado después de ir a Buenos Aires, volví a Chile y tuve una experiencia fortísima porque tenía 38 años, cinco hijos chicos y me detectaron un carcinoma en un pecho. Eso te sumerge en un pabellón y ante el diagnóstico que ninguna mujer quiere oír antes de cumplir 40 años y es que tengas cáncer. Eso te da vuelta como un calcetín hacia adentro y te hace revisarte: ¿qué has hecho con tu vida?, ¿cuánto has cuidado, cuánto descuidado? Y sabes que yo muchas veces había escuchado que ante este diagnóstico decían: "*voy a empezar de nuevo*". En mi caso eso no sucedió. Quise volver a hacer lo que ya hacía, porque me encanta mi trabajo, porque el equipo de gente es una segunda familia y porque objetivamente creo que he peleado mucho, siempre he trabajado con un hombre arriba.

BN: - ¡Ojo!, que no se piense eso esotéricamente.

MR: - La verdad que cuando tú decías que tienes un equipo de mujeres, yo he dicho: "¡qué curioso!, a mí me pasa lo mismo, tengo un equipo de colaboradores que son todas mujeres y siempre he tenido un jefe hombre, que ha sido excelente jefe". Pero uno siempre se pregunta: "¿y por qué la jefa no soy yo?"... ¿Sabes por qué?, porque yo siempre me he guardado esa carta de poder retirarme, de tener un horario más flexible, no comerme el total de la torta porque no puedo, tengo otra vida que es la familiar.

BN: - María Ester, ¿Cuántos años tienes ahora?

MR: - Treinta y nueve.

BN: - ¿Y cuántos hijos?

MR: - Cinco.

BN: - Pero no ven televisión de noche...

MR: - Fíjate que veo bastante televisión. Mis cuatro hijos mayores son bastante grandes, tengo de 16, 15, 13 y de 11.

BN: - ¿A los 39 años?

MR: - Sí, me casé a los 22 años. Y fíjate que a los 27 años ya tenía 4 hijos y había escrito dos libros.

BN: - ¿Cómo se llaman tus libros?

MR: - Uno se llama la "La Promesa del Asombro" y otro "Tres Trescientos, Tres Millones de Todas las Razas del Mundo". He podido trabajar tanto porque mi marido me ha apoyado mucho. El segundo libro lo tuve que escribir en Roma. Tuve que irme dos semanas a Italia y mi marido se quedó a cargo de los niños.

BN: - ¡Qué maravilla! ¿Me permites que te llame con alguna frecuencia? Última pregunta, ¿Cuando tú explicas esto, no te quieren matar otras mujeres?

MR: - Es curioso, porque he notado algunas reacciones malas de parte de mujeres. Por ejemplo, en una conferencia que di, una mujer después me dijo que mi vida le parecía desastrosa, porque era imposible que yo no estuviera cansada. Y yo le dije que nunca he negado que estoy cansada. A la noche me acuesto muerta pero feliz, porque me gasté por cosas buenas. Hay un estrés por subestimulación que también existe. Yo no le digo a todas las mujeres chilenas que dejen de tener servicio doméstico y se pongan un delantal que diga "La Reina", pero sí les digo que tomen medidas -cada una verá cuál-, para que no se las coma el mundo del trabajo y que tampoco se las coma la familia.

BN: - ¡Qué lindo! María Ester Robledo, gracias por todo. He aprendido como loco. Me sumo a tu campaña. Me voy a poner un delantal con la inscripción de "El Rey". Pero, enséñame a cocinar, por favor, porque soy un rey que no cocina.

MR: - Bueno, con todo gusto. Hoy día los hombres tienen que meterse más en la casa. ¡Hasta pronto!

●   ●   ●

III- SOBRE LA EDUCACIÓN

Educad a los niños y no será necesario
castigar a los hombres.

Pitágoras

BERNARDO NEUSTADT DIALOGA CON PEDRO LUIS BARCIA* EL 24 DE FEBRERO DE 2004

BN: - En Rosario el 77% reprobó el examen; en la Universidad del Comahue el 80% reprobó el examen; en la Universidad del Sur el 67% reprobó el examen, y en la Universidad Nacional de Buenos Aires el 45% no terminó el CBC. Entonces cuando a mí me dicen: "*Vamos bien*", yo miro la educación y digo: "*Vamos peor*". Pero no importa, total de eso no se ocupa nadie. ¿Qué le importa al porteño si peligra el inicio de las clases en 7 provincias? Ellos no viven ahí. En Córdoba no van a empezar las clases, en Misiones, en San Luis, en Santiago del Estero, en Tucumán, en Río Negro, en Entre Ríos. El Ministro de Educación, Daniel Filmus, está feliz. En un artículo que publicó en La Nación, porque los chicos, las niñas, los adolescentes leen a Harry Potter... Por eso pido auxilio. Hay un tango que dice: "*salí a la calle Bernardo, a preguntarle a los hombres sabios qué debo hacer*". Doctor Barcia, buen día.

PB: - Buen día. Rumbeó mal para este lado en relación a los hombres sabios, Bernardo. Le pido que reoriente a otro la pregunta.

BN: - Espere que estoy cambiando la antena.

PB: - Me parece muy bien. Harry Potter, como cualquier lectura que no es básicamente nociva, si genera un hábito de lectura es importante para el chico. Mi lema es éste: "*Usted deme alguien que tenga el hábito de leer, y yo le hago leer lo que creo que conviene*".

* *Pedro Luis Barcia, doctor en Letras. Presidente de la Academia Argentina de Letras. Investigador Principal del Conicet.*

En esto hay que seguir la ley de Yitsu que es entrar con la fuerza de otro para salir con la intención de uno. Señalar que Harry Potter desarrolla la imaginación, que lo saca de la televisión y le permite al chico generar imágenes con su propia carga personal y elaborar imágenes que no le son impuestas ni por el cine, ni por la televisión, que son castradoras de la imaginación, eso es positivo. Pero quedarse en Harry Potter, eso es lo triste. Es un escalón inicial de una larga caminata hasta llegar a leer lo que realmente importa. Indudablemente hay críticas muy grandes cuando se dice que Harry Potter no es Shakespeare. Pero si con su lectura se logra crear el hábito antes de los 16 años (difícilmente se lo pueda crear después), yo voy reencausándole con consejos, con sugerencias, su lectura. Y así el niño llegará a leer textos de alta categoría. Pero claro, si estamos todos felices porque leen Harry Potter es una estupidez. Directamente no tiene otra calificación. Para mí, hay que atender a este lema que es clave: "la escuela es la que enseña a superar la primera lectura". Entonces ¿en qué consiste la educación? En enseñarle que detrás de un sentido inicial, básico, hay otro si el texto es rico; si es vacío, no hay nada. Pero hay otros niveles, segundo, tercero, y cada vez que usted recurre a este texto va encontrando y descubriendo nuevas capas. Entonces aprendemos a leer como aprendíamos en la escuela primaria. Mi maestra de primer grado, Blanca, me enseñó dos cosas: la primera era que al llegar a un punto, levante la vista y mire al auditorio. Yo al principio creí que eso era cosa formal, y como era niño cumplido yo leía así. Pero llegó la época en que maduré y me di cuenta la razón que tenía. Se trataba de ir del libro a la realidad. Contrastar lo que uno lee, a lo que está viviendo. Servirse del libro para penetrar la realidad, y servirse de la realidad del entorno que uno observa al levantar la vista de lo que se está leyendo. Ir de la teoría a la realidad, de la realidad a la teoría. Esto es un primer nivel que me enseñó mi maestra. Tardé en aprenderlo y creo que en este momento soy un buen lector de realidades a través de lecturas y de lecturas a través de realidades. Lo segundo que me enseñó fue en una clase de geografía donde teníamos en un primer mapita un esquema de la Argentina, y con un papel que se llamaba de manteca, ponía primero la orografía, en otro los ríos, y en otro las divisiones de las provincias y después la capital de la provincia. Es decir, a través de sucesivas lecturas, iba superando la primera lectura del esquema, y así penetraba en la realidad del país, y al final tenía una visión integral del mismo. La escuela argentina no enseña a superar la primera lectura, entonces harryportearemos únicamente desarrollando la imaginación, pero sin ir más allá del libro.

BN: - Mire adónde hemos llegado profesor. Estoy tratando de formar, no de informar, porque no me gusta deformar y menos difamar. La primera que hizo camino con el libro fue su autora, que cobró cuatrocientos ochenta millones de dólares, que no ha hecho el pobre Sarmiento con Facundo, ni creo que la Biblia...

PB: - La lectura de Harry Potter no puede ser dejada libremente a su simple lectura. Es como cuando yo me sentaba con mi hijo a ver televisión. Le iba señalando los distintos aspectos y enfoques del manejo de la tarea para que advirtiera la manipulación visual de que eran objeto. Entonces si voy a tomar un capítulo de Harry Potter con un grupo de niños pues les señalaré en primer lugar, qué mitos ancestrales están detrás de esta realidad. Estos mitos animan la humanidad desde sus orígenes. Lo que hay que buscar es el recurso positivo de ese mito. Ese mito tiene una potencia motivadora, inclusive a veces hasta visual porque se puede representar en una imagen. Lo que importa es ¿qué oro es el que se busca?

BN: - Yo me acuerdo que a mí me educaron con fábulas.

PB: - Es como decía aquella señora que hablaba con Hegel: supongamos que la realidad existe, y Hegel le dijo: más vale que lo suponga señora, porque la realidad existe.
¿Cuál es la realidad que tenemos? Yo parto siempre pedagógicamente de esto: leen Harry Potter, tomemos Harry Potter y a partir de ahí hagamos los distingos.

BN: - Hemos entrado al fondo de este callejón que tiene salida, y es la educación. Veo que chicos de siete u ocho años están locos por ir a comprar Harry Potter.

PB: - Eso es un desenfreno.

BN: - Es un desenfreno pero que alimenta mucho a los fines de la comunicación. Me preocupa porque en esa cabecita entran las primeras ideas. Así como se aprende a esa edad la virtud, a portarse bien, se distingue entre el bien y el mal, también entran en esa cabecita logotipos, o prototipos que a lo mejor le arman la cabeza para siempre. ¿O soy muy pesimista?

PB: - Es así. Pero no lo es si hay un educador delante.

BN: - ¿Usted cree que el educador está ahí, los padres están ahí, doctor Barcia? Le contesto con lo que Ud. me dijo: viva la realidad.

PB: - Es cierto, pero ¿cuál es la función de la educación? Es salir al paso de esto... Yo tomo mis alumnos de cuarto año y les doy un seminario sobre los mitos argentinos. Ellos vienen con todos los mitos argentinos incorporados, y comenzamos a analizarlos en clase. Les quitamos un hilo y otro y al final toman conciencia de la realidad, de la positividad o no de los mismos. Esto es lo que hay que hacer.

BN: - Invíteme a un curso que le voy a hablar de algunos mitos con conocimiento de causa. Porque tuve la fortuna de conocerlos y de vivirlos. Inclusive creo que soy uno de los pocos argentinos que conoció a un señor que después fue Santo, que es el fundador del Opus Dei.

PB: - Tanto anda uno con la miel que algo se le pega, ¿no? Pero lo mismo pasa con la brea.

BN: - Y lo mismo pasa conmigo... ¿Sabe por qué mejoré mucho? Porque hablo con hombres como usted.

PB: - No creo... Volviendo al tema de la lectura, sugiero no comenzar con fábulas, porque la fábula tiene una moraleja explícita, y no es lo mejor para acostumbrar a un niño a inducir el contenido. Como acabo de hacer en un Jardín de Infantes con un texto. Hay que acostumbrar a los chicos a que la riqueza del texto está en un libro, no en la boca del maestro. El abuelo va a la salita a leer el cuento del zorro, el tigre y el caballo. El tigre tiene la garra atrapada en una piedra, pasa el caballo y el tigre le pide ayuda, el caballo le dice que no porque sino lo va a comer y el tigre le promete que no, entonces lo suelta. Al rato el tigre tiene hambre y le dice que lo va a comer, en ese momento pasa un zorro... (siempre hay un zorro detrás de nuestra realidad) entonces lo llaman y éste, muy de su índole, dice que no entiende nada de lo que le explican. Vamos a reconstruir el hecho, y le pone la pata sobre una piedra, otra piedra encima, y le dice el zorro: ahora soltate. Y se acabó el cuento, no tiene moraleja, y los chicos de cinco años me empezaron a decir: no cumplió la palabra señor, y empiezan a inducir. Esto es lo importante. No darles el sermoncito porque el sermón sobrepuesto no es lo más beneficioso en esa edad, sino que induzcan y a partir de ahí enseñarles a inducir dónde está el error. Seguimos comentando el relato y al final hicieron con esto un video que se proyectó para las familias, y resultó sumamente interesante, porque no se le baja línea, sino que se lo induce, y este es el trabajo que el niño en su soledad tiene que hacer y no esperar que a fin de página le diga en bastardilla lo que tiene que pensar, esto no es liberador. La fábula no es popular, la gran maestría, la educación de los niños es con cuentos que no tienen moraleja explícita sino implícita para que el otro venga y la extraiga. Este ejercicio tiene que hacerlo el niño.

BN: - Doctor Pedro Barcia: yo fui educado con fábulas y tuve medalla de oro. Creí que era fabuloso, ahora me doy cuenta que soy fabulero.

PB: -Yo no sé que hubiera pasado con usted, si le hubieran dado estos cuentos donde usted mismo sacaba su moraleja.

BN: - Y... la sacaba. Por eso nunca me gustó la información, sino lo que hay detrás de la información.

PB: - Por eso le digo Bernardo que la escuela tiene como fundamental objetivo superar la primera lectura. De esa manera puede señalar intencionalidades malignas en un texto e ir esclareciendo, ir abriéndole la cabeza al chico para que sepa leer por sí mismo. Mi discurso de ingreso a la Academia de Educación va a versar sobre lo siguiente: lo más grave en este momento es que el chico no tiene orientación auditiva. Lo que busca es una hiperestimulación auditiva y visual. Esto lleva a un descentramiento del chico. Lo grave es que se ha afectado en las generaciones actuales gravemente la atención. La atención es la aplicación de la mente a un objeto o, como decía Descartes, es la punta de la mente, con lo cual se penetra en la realidad. Ahora quien sabe leer lentamente, para poder entender el encubierto es una gran cosa, y el chico no lo sabe. De modo que en la primera clase de la facultad lo que hago es destinar tiempo a la atención. El valor que quiero rescatar es la capacidad de atención.

BN: - ¡Estoy tan feliz! Hemos hablado sobre cultura sin interrupciones... Había un cuento que decía que un alacrán quería cruzar un lago y no se animaba, entonces vio a una ranita que sí podía hacerlo y le dijo: *"¿Por qué no me dejas que me monte sobre ti y me llevas?"*. *La ranita le contestó: "No, porque me vas a morder, me vas a envenenar y me voy a morir"*. El alacrán le dijo: *"Yo no soy tan torpe, no tengo ganas de morir, tengo ganas de vivir"*. En la mitad del río, la rana que le creyó, le dio confianza y lo llevó, siente que la pica. Cuando se estaban muriendo los dos, le dijo: *"¿pero qué hiciste?, nos estamos muriendo los dos"*. Y el alacrán le contestó: *"Es que no puedo con el genio"*. Hay que tener cuidado con los genios.

PB: - Eso es un cuento popular, no es una fábula, que no tiene moraleja. Es un cuento popular antiquísimo.

BN: - Hay que tener cuidado porque entonces nunca va a haber ranas que lleven a nadie. A mí me enseñaron de chico a confiar. ¿Usted me quiere enseñar a ser escéptico?

PB: - Yo confío en la gente que conozco, y para conocerla tiene que observarla atentamente y verla caminar para ver si es renga o no.

Bernardo Neustadt

BN: - No será mejor que si yo nazco creyendo en usted, sea usted el que me engañe a mí y no yo a usted.

PB: - Es posible. Pero yo le diría esto Bernardo: la educación no consiste en educar ingenuos que vayan creyendo por el mundo, que después tengan decepciones tremendas y terminen en manos de psiquiatras. La educación consiste en avivar a los ingenuos, precisamente. En mostrar que hay una potencia de mal en el mundo junto a la bondad. Partamos de que potencialmente el hombre es bueno pero tiene una semilla ahí, esa presencia no puede ignorarse. Si usted ignora el mal, la educación está despistada.

BN: - Gracias por su tiempo. El doctor Pedro Barcia que nos ilumina en esta penumbra que yo creo que intelectualmente vivimos, con Harry Potter o no.

●　●　●

Un hombre no es sino lo que sabe.
Francis Bacon

BERNARDO NEUSTADT DIALOGA CON
PEDRO LUIS BARCIA*
7 DE MARZO DE 2004

BN: - Cuando me preguntan dónde queda el futuro, contesto que el futuro no queda en la deuda externa o interna, que no queda en si vamos a terminar o no con los piqueteros, sino en aquellos jóvenes más brillantes que se van, en aquellos chicos que no pueden terminar la secundaria, que no pueden organizar una frase, que no tienen lenguaje, que usan las mismas palabras como única expresión de una manera de vivir. Me da miedo la sociedad en la cual vivo, y hablo de letras, de palabras, y lo escucho al profesor Pedro Luis Barcia, presidente de la Academia Argentina de Letras...

PB: - Lo que usted dice es el resultado de la herencia de todo un proceso que se ha alargado por años, pero que se ha acentuado en la última época por dejadez. Dejarse ir es fácil; subir es difícil. Y le han hecho creer al muchacho, para que fracase en la vida, que sin esfuerzo se logran las cosas, y con el jugueteo no se logra nada. Aquí lo que hay que hacer es poner autodisciplina. Todo lo que realmente tiene valor, cuesta. Kant lo decía: los actos morales valen también por lo que cuestan. El esfuerzo para progresar que tiene que hacer uno es imposible de evitar. En la Argentina, la ley ha sido facilitar más para contener al chico en el colegio. Un hombre tan viejo y sabio como Salomón decía que el saber es doloroso por dos razones: porque cuesta y porque lo que cuesta vale. Lo que se consigue sin tiempo, el tiempo no lo perdona; lo borra. Ese esfuerzo es lo que nos está faltando en estos momentos, porque en la teoría de contener al chico, usted no puede

* *Pedro Barcia, Doctor en Letras. Presidente de la Academia de Letras. Investigador Principal del Conicet.*

rigorear, rigorearlo suavemente, quiero decir, ponerle una mala nota. No hay examen, (habían desaparecido). Ahora se han instaurado nuevamente en la provincia de Buenos Aires y se cree que eso va a cambiar todo. ¿Qué ha generado este desgaste?: la bajada de brazos de todos. Los inspectores no ayudan a los directores, éstos no ayudan en la exigencia a los profesores, porque cuando descalifican a algún alumno le dicen: se va a ir del colegio, hay que contenerlo, entonces lo califican con cuatro. Estamos siendo cuatreros sin vacas. Vamos automáticamente a mantenerlo, y en estos momentos la progresión de un grado a otro es una puerta que se empuja hasta que se abre. Es como decía el burro: yo consigo burra por cargoso y no por hermoso. El niño consigue nota por insistencia o pasar de grado por insistencia, pero no por inteligencia ni aplicación. Entonces se ha generado un desgaste tan grande, que yo diría que es dificilísimo remontar el barrilete ahora.

Cuando me tocó hacer para toda la provincia de Buenos Aires, en la década del '70, los contenidos mínimos, las exigencias y objetivos generales para la enseñanza de la lecto-escritura, me encontré solo. Habían citado a todos los profesores pero no fueron porque no sabían qué hacer. Bueno, muy bien, me senté y establecí los objetivos. Entre ellos había dos: el primero era una prueba foniátrica y el segundo era de ortografía. Estamos en exigencia de un examen de ortografía para futuros maestros, al que sale mal tiene que dársele un cuadernillo para una auto preparación, para que en seis meses esté preparado para escribir en un pizarrón la palabra casa con s o con z según corresponda el caso. Después la foniatría para ver si tiene dificultades con el habla. En ese entonces apareció una aspirante a maestra que tenía rotarismo. Le dije: usted no puede dar clases, para hacerlo tiene que ir a un equipo de foniatría. Me respondió que no pensaba hacerlo. Mandó una carta al Ministerio que casi me costó el puesto. Yo aprendí que hay que sentarse en la puerta a esperar el cadáver del Ministro. A los seis meses llegó la época de la práctica. Entré a la escuela N° 10 de La Plata y... ¡nunca me voy a olvidar de esto!, estaba la muchacha con la guía que yo había publicado enseñando la palabra rosa y, al pronunciarla mal, todos los chicos la repetían igual.

O sea que el Ministerio había facilitado una deformación que se estaba transmitiendo a treinta chicos en un aula por no tomar en cuenta una observación de auto corrección para esa muchacha, corrección que inclusive la beneficiaría. Ahí si, cuando vieron eso, tuve el respaldo de la maestra anterior y de la directora y se modificó la situación.

BN: - Cuando usted usa la palabra contener, yo me asusto, porque estoy viendo que mucha gente dice que lo manda al colegio porque es el que más contiene... ¿Qué son nuestro hijos, manadas de bueyes que hay que contener?

PB: - En ese sentido el alumno recibe un tratamiento como si fuera un animal doméstico. Usted le da comida y hospedaje y lo mantiene tranquilo. Pero no lo alimenta realmente en forma, no le da proyección. Acá se le teme a la autoridad, Bernardo. La palabra autoridad tiene dos acepciones: por un lado significa promover, o sea mover hacia delante, hacerlo ser más y la segunda es hacerlo crecer. Hemos mochado estas dos acepciones y estamos identificando a la autoridad con el autoritarismo, y así van las cosas. Los padres comienzan por decir que son amigos de sus hijos. Eso es una degeneración de funciones: se es padre o se es amigo, no se pueden cumplir los dos roles.

BN: - ¿Usted estuvo escuchando la radio hoy?

PB: - No.

BN: - Porque lo dije esta mañana...

PB: - ¿No me diga? Además le agrego otro tema: hay una especie de flojedad moral. En una época se enseñaba obligatoriamente religión en la escuela, y se consideraba arbitrario porque no respetaba la libertad de conciencia. Después se propuso religión o moral. Después se quitó la moral, y desapareció toda pauta moral en la escuela. Y no existe acto educativo que no suponga algo moral, es decir de valoración de la realidad, de estímulo para crecer. En un ensayo de Mallea del año 1960 llamado "La vida blanca", decía que los argentinos tenemos la vida blanca porque no tenemos color, no porque seamos neutrales, sino porque no tenemos ningún color que nos caracterice.

BN: - La identidad. Nos estamos buscando como locos. Nos decimos: somos como somos. Pero, ¿qué somos?

PB: - La identidad es una palabra que significa el mismo ser. O sea la permanencia de algo sustancial de usted mismo. Podrá tener sus cambios, pero hay un sustrato que permanece en usted. La identidad no es un resultado natural que se le da cuando usted nace, es un resultado cultural del esfuerzo de todo un pueblo. Si usted no quiere tener identidad, entréguese a la copia, y en vez de tener una cultura de elaboración, de siembra y de cosecha, haga un trasplante: traiga un gajo de Europa y lo planta acá.

BN: - ¿Me deja que le cuente algo? Cuando la gente en la calle me pregunta por qué no vuelvo a la televisión abierta, yo uso un soneto que ya lo tengo casi educado y digo: "*¿Usted vio alguna vez una virgen en un prostíbulo?, ya se que no soy una virgen, pero eso es un prostíbulo, no me mande ahí*".

PB: - A propósito, le cuento que yo conocí algunos productores de televisión y he clasificado a esa fauna en dos tipos. La primera es la que llamo los abonadores, que son los que desparraman estiércol para que la tierra de la televisión dé más frutos. Los segundos son los gatopardistas, esos que aseguran que la van a mejorar prometiendo un cambio que jamás se da. Esto es pasmoso, porque parece que no se puede hacer negocios si no es con la inmundicia.

BN: - Eso es un error. Yo no niego que en algún momento la gente consumió eso. Lo que le voy a probar es que hoy no lo consume más. Los programas de televisión periodísticos, los que muestran al delincuente, al ladrón, a los piqueteros, tienen cinco puntos de rating. ¿Por qué nos vamos a engañar?

PB: - El chico tiene una escasísima formación en lo que tiene que ser un instrumental en su vida, que es la lengua. La lengua es el tejido conjuntivo de la vida, es lo que hace que yo le pueda transferir a usted estas idioteces que le estoy diciendo y recibir por la lengua, en cambio de estos brillantitos de colores que yo le mando, oro nativo, que es su palabra. La lengua vincula toda la realidad. Si se la estropea, todos los órganos se vienen abajo. El chico que no aprende a expresarse, no es libre. Ve la televisión y se da cuenta que ratifican esa pobreza que tiene y que lo convalida en su limitación. Estamos convirtiéndonos en bosquimanos. Usted lo sabe...

BN: - ¡No me acuse! Yo no fui.

PB: - Usted sabe que los bosquimanos conversan en la hoguera, porque junto a la hoguera van completando las palabras con gestos. Si se apaga la hoguera no se pueden comunicar, porque hablan la mitad y la otra mitad con gestos. Los pibes actuales son bosquimanos. Con la luz apagada no pueden comunicar nada. Además utilizan una palabra llamada técnicamente baúl o palabra colectivo donde meten todas las acepciones. La palabra bolu..., es una palabra que sirve para denostar, exaltar, llamar la atención, ponerse en contacto, y aún la utilizan las mujeres que es el contra sentido natural.

BN: - No saben decir te amo. Usted sabe además que estoy desesperado por armar una escuela para padres, porque hasta ahora hemos hablado de los maestros, de la formación, ¿y los padres?

PB: - Los padres tuvimos que aprender el oficio solos, como podíamos, cuando en otras culturas es fundamental formar a los padres debidamente. El padre entrega el hijo al colegio para sacárselo de encima, lo desatendie en la casa, no ve lo que hace, lo deja frente al televisor todo el tiempo, no controla su tiempo libre, y todo eso se justifica porque los padres trabajan... Pero cuidado: mi mujer y yo trabajamos siempre y tuvimos control. Yo me sentaba al lado de mis chicos cuando eran chicos y les decía: *"Miren como enfoca la cámara al tipo, lo* *que está haciendo es exaltarlo, y ahora lo va a hundir. ¿Ven como se manipula la cámara?"*. Todo eso lo aprendieron y ahora me causa gracia porque cuando están solos dicen: *"Mira, esto es una manipulación de la imagen, fíjate lo que hacen"*.

BN: - En el cine de Hollywood, hasta los años ´60, las películas tenían que tener un final donde el bueno tenía que ganar, el amor tenía que ganar, el policía tenía que ganar y veíamos un mundo donde tenía que ganar la mayoría que era buena. Hoy vemos un mundo donde esa minoría monstruosa le gana a todos los buenos. Entonces el chico que está mal formado, mal educado, con malos padres, termina frente al televisor que le enseña que interrumpir el tránsito en la ciudad de Buenos Aires no es un delito, es a causa de la pobreza...

PB: - En ese sentido, ¿sabe cómo opera la televisión? La imagen que uso yo es la del indio y el criollo para domar el caballo. El criollo es a lo bruto, se sube, forcejea, se enfrenta, hasta que al final lo domina. Pero los medios no operan así, sobre todo la televisión, que opera como el indio que con una varita juega con el caballo. Lo acaricia, le silba, le habla y cuando no se da cuenta, lo monta. Le va quitando de esa forma la sensibilidad y la capacidad de reacción.Lo curioso es que la gente que para el tráfico pide reacciones rápidas, pero no para la televisión.

BN: - Informar, deformar, difamar, es el nuevo periodismo. Me levanto a las 4:15, me cepillo los dientes, me baño, me pongo un camisón o una ropa blanca para estar puro frente al micrófono. Tomo los diarios y me empiezo a envenenar lentamente. Usted se puede envenenar comiendo o leyendo. El otro día a un taxista un piquetero le rompió la cabeza. Ese piquetero llegó en un patrullero policial porque venía de una entrevista con el Jefe de la Ciudad, Aníbal Ibarra. ¡Mire si al Presidente de la Academia Nacional de Letras lo va a llevar un patrullero! Entonces los taxistas están indignados; uno con la cabeza rota fue recibido por el Presidente ayer, quien le pidió a los taxistas que no protesten contra los piqueteros. Entonces ese chico pregunta: *"Papá, ¿no es al revés?, ¿Kirchner no tiene que llamar a los piqueteros para decirles que no hagan más piquetes, en lugar de pedirle al taxista que no proteste contra quienes lo hirieron?".*

PB: - Esto es grave porque va acostumbrando al silencio, a la no protesta y al sometimiento. Yo creo que al vivir en comunidad organizada, la denuncia es una contribución solidaria a la sociedad.

BN: - Y en una familia organizada...

PB: - Lamentablemente, hoy los padres están a tono con los tiempos. ¿En qué consiste la vida?: en mantener el infantilismo mental. Se va alargando cada vez más la infancia y la adolescencia. El adolescente y el infante no asocian los actos que cometen con los efectos que causan, entonces de esa manera no se hacen responsables de nada.

BN: - Déjeme que le cuente un cuentito para terminar: Un señor llega a las 11 de la noche a su casa, como acostumbran los padres de hoy, nervioso, malhumorado, y ve a Pedrito sentado a la mesa. Mira a su mujer y le pregunta: *"¿Qué hace este chico sentado a esta hora de la noche?".* La mujer responde: "Te estaba esperando Roberto, quería acompañarte mientras comes". La madre le sirve la comida, y éste le dice enojado: *"Tendría que estar durmiendo. Mañana tiene que ir al colegio, no tiene por qué estar acá despierto".* El niño lo mira y le dice: *"Papá quería hacerte una pregunta, ¿cuánto ganas por hora?".* Ni termina de hacer la pregunta que el padre le grita: *"¡Pero mira lo que preguntás! ¿Para qué querés saber cuánto gano por hora?".* Tímidamente, el niño agrega: *"... Porque me interesa".* El padre le confiesa que gana cien pesos por hora y el pequeño le pregunta si puede pedirle cincuenta pesos prestados. Fuera de sí el padre le grita: *"¡Pedigüeño! ¡Andá a dormir!".* El padre come mal, ni mastica; la madre, siempre más positiva, le dice: *"Qué mal estuviste, el chico te esperó...".* Entonces cuando va a su dormitorio, el padre recapacita, y con algún poco de arrepentimiento, vuelve a la cama de su hijo que ya está durmiendo, lo despierta y le dice: *"Pedrito, Pedrito, acá tenés los cincuenta pesos que me pediste prestados".* El chico lo toma de la camisa y le dice que espere un ratito. Mete su manita debajo de la almohada, saca otros cincuenta pesos, y le dice: *"Papá, acá tenés los cien que ganás por hora, ¿mañana me podrías dar una hora de tu tiempo?"*.

PB: - ¡Tremendo!

BN: - Le agradezco mucho que se haya prestado a este diálogo.

•   •   •

*El único verdadero viaje de descubrimiento
es aquel que se emprende no en busca de
paisajes nuevos, sino con ojos nuevos.*

Marcel Proust

BERNARDO NEUSTADT DIALOGA CON ANTONIO BATTRO* EL 15 DE JULIO DE 2004

BN: - ¿Cómo le va Profesor? ¡Buen día!

AB: - Buen día Bernardo. ¿Cómo está usted?

BN: - Ahora que lo escucho estoy mejor. Siempre trato de estar mejor, aprendiendo desde aquel bendito día en que usted me preguntó si quería mostrar la enseñanza de Internet, computación, todo por televisión... Hace mucho tiempo de esto, ¿se acuerda?

AB: - Sí, me acuerdo.

BN: - ¿Y qué pasó desde entonces hasta acá? ¿Cómo avanzó la vida?

AB: - Bueno, está bien que lo pregunte así, porque siempre hay algo que comienza y pocos son los que se dan cuenta de eso. Después cuando viene la ola a la playa todo el mundo se baña con placer en ella, pero hay que verla venir. Y en ese momento que usted cuenta, hace 20 años, se pusieron las primeras computadoras en las escuelas y en la Argentina también. Muy precozmente, yo diría, comparado con otros países, y el resultado está a la vista, pero es un resultado técnico. Casi meramente técnico. Lo importante es qué se hace con ella.

* *Antonio Battro, doctor en Medicina en la Universidad de Buenos Aires y doctor en Psicología en la Universidad de París*

Si se hace bien, o mal, o se hacen más o menos bien las cosas. Ahora viene una segunda ola importantísima que muy pocos ven, que es el estudio del cerebro en la educación. Hay grupos en todo el mundo interesadísimos en conocer mejor cómo se aprende y enseña con la ayuda de la ciencia del cerebro.

BN: - ¿Cómo se va a hacer eso? Cuénteme.

AB: - Las ciencias de la educación han avanzado considerablemente en los últimos años. En gran medida debido a las ventajas enormes de la globalización de Internet, de todos los sistemas informáticos que permiten acceder a una gran cantidad de información y demás. Pero el mayor Internet que existe en el mundo está dentro de nuestro cráneo. Es la comunicación entre distintos lugares del cerebro, comunicación que nos permite hablar, pensar, querer, tener ideas creativas, decidir, valorar. Esos circuitos se están identificando gracias a técnicas muy sofisticadas de imágenes cerebrales, que se hacen en lugares dedicados a la medicina, la neurología. Pero las nuevas tecnologías van a poder estar en las escuelas. Y eso va a ser un cambio muy grande, porque conociendo mejor el funcionamiento del cerebro vamos a poder ayudar a los chicos para que aprendan mejor, y a los maestros para que enseñen mejor. Esta es una esperanza que tenemos. Todavía estamos en los primeros pasos de las llamadas neurociencias educativas.

BN: - Además de hacernos mejores empresarios, ¿nos mejora como personas?

AB: - Eso es un problema de valores. Hay que diferenciar muy bien lo que es la técnica y los hechos del progreso humano que son necesarios para dar pan y trabajo a todo el mundo, y los valores fundamentales de la vida, de la dignidad humana, de la libertad. Eso es una dimensión diferente. Hay que hacer las dos cosas al mismo tiempo. Tiene que haber armonía entre la técnica y el alma. La eficacia y el sentido. El pan y la esperanza. La paz y el progreso. Eso no lo digo yo, lo dice un gran pensador español Olegario González de Cardedal, en un fantástico trabajo que publicamos en la revista Criterio, que se llama

"Educación y Educadores". Hay que hacer las dos cosas siempre. Los hechos y los valores. La educación verdadera es la que une estas dos capas de la actividad humana.

BN: - Estos avances tecnológicos a veces me asustan porque me hacen acordar un poco cuando aquel gran alemán descubrió el átomo, que servía para mejorar la vida y también para hacer una bomba.

AB: - Usted tiene razón, pero es propio de la actividad humana. Se pueden usar las cosas que son neutras para bien o para mal.

BN: - También la lengua se puede usar para bien o para mal.

AB: - Sí, y ¡cómo!

BN: - Yo le puedo decir a usted... Profesor Battro lo admiro, o le puedo decir Profesor Battro lo mato.

AB: - Por supuesto. Y yo creo que ese valor profundo de libertad es lo que le da dignidad al ser humano por encima de todos los animales. Nacemos humanos, tenemos capacidad para tomar decisiones, para jugarnos la vida por una persona o por una idea. No hay ningún animal que lo pueda hacer. Entonces la educación está en esa comprensión de que debemos usar nuestros talentos y los recursos que tenemos para el bien.

BN: - Eso es más que una educación, ¿no?

AB: - Es la esencia de la educación. Lo otro es simplemente una técnica.

BN: - Haga de cuenta que usted está de profesor y yo como antes, un niño bien educado, levantando la mano para hacer una pregunta. ¿Me ve?, ¿me ve profesor?

AB: - Sí alumno Bernardo.

BN: - Profesor Battro, hay una cosa que no entiendo, entre todas las cosas que no entiendo: ¿la educación tiene algo que ver con la conducta humana, o nada?

AB: - ¿Me puede aclarar mejor esa pregunta? La conducta humana en qué sentido, ¿la buena conducta?

BN: - Conozco mucha gente muy educada, muy instruida, muy formada que es mala persona.

AB: -Claro, por supuesto. Y hay muy buenas personas en el mundo que no han recibido una educación adecuada.

BN: - ¿Y cómo podemos combinar ese matrimonio?

AB: - Ese es el gran desafío de la educación.

BN: - ¿Y dónde lo enseñan?

AB: - En la vida, no sólo en la escuela.

BN: - ¿No serán los padres?

AB: - La familia es fundamental. También los amigos, la cultura de un país, el respeto. No sé. Eso no está en los libros; está en la vida.

BN: - Entonces tengo que ir por la vida buceando.

AB: - Puede ir surfeando, puede sacar la cabeza para respirar y tener la alegría de vivir todos los días, viendo la helada, porque hace mucho frío aquí en Buenos Aires. Ya me puse a trabajar hace tiempo en mis cosas conectado con el mundo, y conectarse con el mundo significa hablar con la gente, no hay otra conexión.

BN: - El niñito Bernardo está satisfecho profesor.

AB: - Lo que usted está haciendo también es comunicase con la gente.

BN: - Nosotros a lo mejor estamos contentos y somos felices. Me gustaría ver más felicidad a mi alrededor. ¿Y usted?

AB: - Lo que está haciendo en su vida es dar esa felicidad.

BN: - Le pido a Dios que sea verdad. Le mando un abrazo fuerte y, como de costumbre, gracias por el aprendizaje. El niñito Bernardo se siente agradecido hacia el profesor Antonio Battro.

AB: - Enseñando aprendemos, decían los antiguos. Un gran abrazo Bernardo. Que lo pase muy bien.

• • •

*El sabio no dice nunca
todo lo que piensa
pero siempre piensa
todo lo que dice.*
Aristóteles

BERNARDO NEUSTADT DIALOGA CON
ALFREDO PALACIOS*
EL 28 DE FEBRERO DE 2004

BN: - Deformar, difamar, no lo voy a practicar. ¡No! ¡Formar, formar, formar!... Con razonamiento, lógica... Hay que arreglar el alma, no el bolsillo. Busco desesperadamente gente que arregle el alma, gente que enseñe que somos un país S. A. y que signifique Su Alma y no, Sin Alma.

Ayer, hablando con el profesor Barcia, en un diálogo lleno de sutilezas, de conocimientos, de formación, nos recomendaba hablar con el profesor Alfredo Palacios. Si conociéramos a toda la gente que merece ser conocida, si las tapas de las revistas no publicaran las colas y sí las almas, si la televisión mostrara el conocimiento en lugar de mostrar el desconocimiento, el mal lenguaje, la mala formación, la pornografía... ¡qué país seríamos!, ¿no? Rememoro mi primera llegada al Senado de la Nación. Tenía entonces 17 años cuando conocí a Alfredo Palacios, un socialista con poncho, enormes bigotes, inteligentísimo, mujeriego como ninguno, talentoso, que me preguntó: *"¿Qué está haciendo por acá, m´hijito?"*. Le respondí: *"Vengo a ser cronista parlamentario"*. Y obtuve como respuesta: *"¡Pobre de usted!, ¡Va a escuchar cada disparate!..."* Pero el Alfredo Palacios con el que vamos a

---

* *Alfredo Palacios, profesor en Filosofía y Ciencias de la Educación. Especialista en Educación Matemática.*

conversar ahora, tiene una idea nueva que está practicando en La Plata. Yo creí que era nueva nada más, que no se practicaba. Enseña lógica y razonamiento a los niños, a través de juegos. Cuando yo les digo a los padres por qué no enseñan lógica y razonamiento a sus hijos me responden que eso envejece. Y es así porque los padres ya no son ni razonables, ni lógicos.

Profesor Alfredo Palacios, gracias por prestarse a este diálogo. Cuénteme: ¿qué hace Ud.?

AP: - Intento desarrollar en los niños y en los jóvenes una cantidad de conductas para la formación de hábitos de indagación reflexiva. Para nosotros es una zona de la educación que nunca ha sido enfrentada en la escuela. Entre el niño o el adolescente que intenta aprender o estudiar, y la asignatura con la cual él se va a enfrentar, hay una zona que comprende los instrumentos que él debe poseer para poder enfrentar esa asignatura. Esa parte instrumental la escuela no la tiene pensada, ni tomada, ni resuelta, como una actividad específica dentro de lo escolar. Entonces el desarrollo de lo que nosotros consideramos las operaciones del pensamiento, es lo que intentamos lograr en este Instituto que lleva el nombre de EUREKA.

BN: - ¿Qué significa eureka? ¿Descubrimiento?

AP: - Eureka es lo que el niño tiene que sentir cuando llega al descubrimiento del conocimiento y el logro personal de haberlo hecho. Ahí se expresa con "eureka". Es un homenaje al maestro Arquímedes.

BN: - Me acuerdo que cuando éramos chicos y alguien nos daba una información nueva gritábamos: ¡eureka!

AP: - Hay muchos problemas graves en la educación, situación que usted comprende y maneja con absoluta claridad. El peligro es el "*agujero de razono*" que amenaza la educación argentina. Usted ve todos los días las noticias sobre los fracasos de los chicos en los exámenes para ingresar en las universidades. En la ciudad de La Plata, de los setenta chicos que fueron a rendir su ingreso a Astronomía, no aprobó ninguno. El promedio de esas pruebas fueron desastrosas.

BN: - Así nos vamos a quedar sin ver las estrellas profesor.

AP: - Y sin saber también que ellos pueden conocer las estrellas. Lo lamentable de esto, es que mucha gente dice que no le gusta la matemática, y no sé si tienen en claro qué cosa es la actividad matemática.

BN: - Cuénteme, que yo también quiero saber.

AP: - Y qué cosa es ese conjunto de hábitos que deberíamos tener como punto fundamental y como nudo del desarrollo de lo escolar. Todas las disciplinas comulgan en conductas de operaciones de pensamiento que es necesario manejar para poder introducirse después en la disciplina, en lo específico. Hay que saber observar, decodificar, codificar, comparar, clasificar, definir. Es imposible acceder a las matemáticas si uno no conoce cómo y qué es una definición. No se ha reflexionado sobre eso. Entonces todo el conocimiento completo y armado, cerrado, como lo entrega la escuela a alguien que no está instrumentado para recibirlo, resulta inaccesible. Entonces los chicos apelan a la memoria, y con ella superan a medias -con un grado de indolencia que hay en la responsabilidad de la educación- ese tramo de la educación media. Me voy a tomar la libertad de recomendarle un libro de Lauro De Oliveira Lima que se llama "*La Educación por la Inteligencia*". Ese libro, que no es actual...

BN: - No hay nada actual que me sirva últimamente. Todavía me sirve Mozart más que Charly García.

AP: (se ríe) - Leer ese libro le provocará una gran satisfacción, es un placer. Es un texto ágilmente hecho y además con una gran cantidad de verdades sobre la educación. Actualmente, cuando aparece la hora de hablar de los problemas, aquí no emergen ni siquiera las verdades... dejemos de lado las soluciones.

BN: - Claro, cuando usted no tiene la verdad, ¿cómo le va a encontrar una solución? Yo un día lo entrevisté a De Gaulle, y en su despacho había un cartel que decía: *"¿Usted me trae la solución o forma parte del problema?"*.

AP: - ¡Claro! ¡Es genial! El texto de Oliveira Lima plantea que la inteligencia es una posibilidad mental de desarrollo, de pensamiento ordenado y coherente que tiene todo el mundo. Las dificultades están en el camino para llegar a lograrlo y ese es el desafío que se le presenta a la educación. A nosotros nos dicen habitualmente: ustedes en Eureka le enseñan a pensar a los chicos. No, nosotros no enseñamos a pensar, yo creo que no se puede enseñar a pensar. Nosotros lo que podemos hacer es motivar el pensamiento del otro.

BN: - Me mató, profesor, me mató. Yo todas las mañanas pienso que voy a ayudar a pensar, no en mi dirección, sino en cualquier dirección. Que voy a provocar el pensamiento.

AP: - Claro. Usted lo provoca, lo insinúa.

BN: - No quiero que piensen como yo. Quiero que piensen.

AP: - Usted hace un comentario que guia la posibilidad de reflexión que tiene quien lo escucha.

BN: - Me perdona que lo interrumpa un minuto. Yo le explico a la gente todas las mañanas que informar es igual que deformar, es igual que difamar. Últimamente no hay una información concreta. Cada uno tiene su cañoncito y nadie sabe de dónde se disparan las informaciones. Desde el periodismo podemos estafar, engañar, quitar, manchar honras, matar prestigios, cualquier cosa, total.. después que lo pruebe la justicia. Esta mañana estaba explicando que la voluntad de un político tiene que ser mejorar la vida de los que lo eligen. Entonces yo le digo a Doña Rosa que piense por qué le ponen un impuesto para que Aníbal Ibarra, por dar un nombre, designe a varios familiares en funciones públicas y, además, cuando él recibe a unos piqueteros, ¿sabe usted cómo salen del edificio de la jefatura de gobierno?

AP: - No.

BN: - ¡En patrullero! "*¿Adónde va?*", le pregunta el policía. "*Y...,*
vamos a la 9 de Julio a cortar la calle". Esto está probado. Bajan los piqueteros y uno le rompe la cabeza a un taxista que quería pasar. Acá cuando usted empieza a enseñar reflexión, ese "*agujero de razono*"
que tiene el país sale a la luz y el chico escucha y ve todo esto y se pregunta: "*¿Cuál es la verdad?, ¿Tendrá razón el profesor Palacios?, ¿Esto*
no será lógico, razonable?".

AP: - Usted está haciendo una lectura de la realidad. Usted es un brillante lector que puede hacer una lectura de la realidad, porque a lo que hay que aspirar es a lograr la formación lecto-escritora de todos los chicos. Para llegar a lo que Ud. hace es importante que la escuela se preocupe por enseñarles a leer. Usted tiene que formar un lector de todo, Bernardo, un lector de mapas, de arte, de textos, de matemáticas. Eso es manejo de códigos y si no se conoce el código es imposible leer. Por lo tanto lo único que hago es repetir sin que yo sepa lo que estoy diciendo. Es una memorización fugaz, es un refugio donde el chico encuentra la protección de la no sanción y la aprobación.

BN: - Usted sabe que si uno no piensa como vive, termina viviendo como no piensa... ¿Cómo le enseña a los chicos, con módulos, jugando?

AP: - Son módulos donde intervienen el juego y una serie de actividades vinculadas directamente para que cada especialista que está trabajando en un sector, resuelva las situaciones de aprendizaje.

BN: - ¿Cuántos profesores tiene?

AP: - Tenemos alrededor de veinte. Pero es una comunidad de principios la que hace funcionar la Escuela. El Instituto trabaja con grupos de no más de diez alumnos por grupo.

BN: - Claro, así se les puede enseñar. Dígame, por fin y por último, ¿qué edad tienen los chicos?

AP: - Desde cuatro años hasta los diecisiete.

BN: - ¿Me puedo anotar?

AP: - Sería un gusto enorme... Un día que venga a La Plata a visitar a Barcia, visite Eureka.

BN: -¡No! Es que un día voy a ir a visitar Eureka para ver a Barcia. Muchísimas gracias por este diálogo. Usted sabe que dicen que el conocimiento es aburrido, por eso preferimos desconocer.

AP: - En Eureka hay una frase de Miguel de Montaigne que guía al Instituto y que dice: "Mas vale una cabeza bien hecha, que una cabeza llena".

•   •   •

La lengua es el vestido del pensamiento.

Samuel Johnson

BERNARDO NEUSTADT DIALOGA CON EMILIA PUCEIRO DE ZULETA* (2004)

BN: - Yo, que tengo 65 años de periodista, le digo a usted que informar hoy es deformar y es difamar. Hemos difamado la lengua, la vida, nos enroscamos en todas las cosas más horribles que supuestamente pasaron siempre en el mundo pero ahora se ven... Y entonces, yo quiero salir de eso. Tuve la suerte de poder convocar a la doctora Emilia Puceiro de Zuleta, que nos va a ayudar a pensar. ¿Usted es académica?

EP: - Sí, de la Academia Argentina de Letras y correspondiente de la española.

BN: - Espere un momentito que estoy sentado... Me pongo de pie. ¿Cómo está viendo este tiempo en el cual el Ministro de Educación nos sugiere, que no importa que leamos Harry Potter, con tal de que leamos?

EP: - Creo que cualquier cosa que se pueda hacer para desarrollar el hábito de la buena lectura es conveniente. Y creo que este interés de los chicos por Harry Potter, fuera de todos los componentes mediáticos que tiene, los ha llevado al hábito de la lectura.

BN: - Prefiero que lean a María Elena Walsh, la Biblia, la Constitución.

---

* *Emilia Puceiro de Zuleta, Miembro de la Academia Argentina de Letras, de la Real Academia Española y de la Academia Argentina de Historia.*

EP: - Una vieja amiga mía decía que la lectura de la Biblia y el refranero español encerraban toda la sabiduría del mundo.

BN: - Cuando volví a leer la Biblia me pregunté: ¿cuáles son los misterios del mundo? Está todo ahí: el poder, el fratricidio, la emoción, la violencia, están Abel y Caín.

EP: - Eso está también en el refranero español. El refranero de cada uno de los países acumula sabiduría bien asimilada.

BN: - ¿Usted recuerda alguno de los refranes? Porque yo me confundí. Duermo cuatro horas y me decían: "*No por mucho madrugar se amanece más temprano*". Pero venía otra persona y me decía: "*Al que madruga, Dios lo ayuda*".

EP: - Cada refrán tiene su contra refrán y hay que tener cuidado.

BN: - Cada vez que escucho a un hombre del gobierno, a un político, a educadores, decir que tiene que haber más presupuesto, reflexiono sobre el costo de la educación. Creo que formar hijos no es caro, salvo que haya que pagarles a los padres.

EP: - De acuerdo. La realidad de la educación está en el aula y en la personalidad del maestro.

BN: - Para educar no hay que invertir, hay que tener padres. A mí me parece que el chico debe llegar educado, formado al colegio. La profesora no puede ser la madre del chico.

EP: - Eso está comprobado hasta estadísticamente. Por ejemplo, en la formación de hábitos de lectura, la escuela primaria alcanza a ser eficaz en un 15%, pero el hábito de lectura se hace en la casa con presencia de aquellos libros que los padres consideren que son un bien muy preciado y respetable. Eso se hace antes que el niño logre el lenguaje completo, cuando está empezando a hablar.

BN: - Primero se inventa la plata y después el saqueador. ¿No será que tendríamos que hacer una escuela de padres, de educadores?

EP: - Evidentemente el problema está en la sociedad. Los males se atribuyen a los medios y, en realidad, los medios reflejan lo que hay en la sociedad. La transformación de la sociedad viene de una educación de los adultos, cosa que parece difícil, pero fácil resulta cambiar en un grupo de cuatro o cinco años sus hábitos de adquisición del lenguaje y por lo tanto de conocimiento del mundo y posición de sí mismo. Porque el que tiene en claro su propio lenguaje, posee al mundo y se conoce a sí mismo. La escuela puede hacerlo rápidamente. En una promoción se puede cambiar totalmente la adquisición del lenguaje. Hacer una enseñanza más práctica. La práctica de la exposición moral que casi ha desaparecido, de la redacción intensiva, de la recitación, que también ha desaparecido de la escuela. Son todos recursos de los viejos maestros que tienen vigencia plena en este momento y que son utilizados eficazmente en los buenos colegios. Actualmente se está enseñando muy bien lengua en muchos colegios públicos y privados, y la receta siempre es la misma: una enseñanza práctica de la lengua.

BN: - Estaba escuchándola atentamente cuando decía que los fines de la comunicación revelan la vida. Yo creo que la forman, que son formadores de opinión. El lenguaje de la televisión es el que después aprenden los chicos.

EP: - Yo creo en un 50 y 50%.

BN: - Bueno....

EP: - Yo he oído a la gente hablar peor que lo que transmite la televisión.

BN: - Usted sabe que está prohibido leer en voz alta. Sabe que el padre en lugar de comprar un libro que es mas barato, compra un televisor.

EP: - Sucede que el mundo está saturado de ruidos y no hay momentos para leer ni para hablar.

BN: - Usted va a una casa a conversar o a comer y le ponen música al mismo tiempo. O escucho música o hablo. ¿Cree que podemos cambiarlo hablando nosotros?

EP: - Sí. Creo que se puede cambiar.

BN: - Cuénteme cómo porque estoy tan... desilusionado.

EP: - Creo en la transformación de la enseñanza de la lengua en la escuela primaria, que no es sólo enseñanza de la lengua para hablar bien, sino que es además posesión de conocimiento para adquirir otros conocimientos.

BN: - Creía que teníamos un muro de Berlín en la cabeza. Le voy a relatar una anécdota si usted me permite. El otro día un gran profesor me contaba que tomó el último examen de medicina. Y, dicen los que saben, que el último examen de un médico es una cosa muy fácil, porque ya pasó toda la carrera y casi lo rinde como de taquito. De 88 alumnos sólo se recibieron 21 y de esos 21, una sola médica sacó sobresaliente en todas las disciplinas. Entonces el profesor sintió la necesidad de decírselo a solas, la llama a su despacho, la chica entra nerviosa, le pregunta si pasó algo malo y él le dice que no, que obtuvo sobresaliente en todas las disciplinas... Y, le pido que me perdone, la chica le dijo: *"No joda"*. (risas de la doctora) ¡Usted se ríe pero es triste!

EP: - Yo me opongo un poco a que se los escarnezca a los jóvenes, porque el resultado final es responsabilidad compartida del profesor y de la eficacia de esa enseñanza. Cuando un profesor dice que el 75% de sus alumnos fracasaron, se está inculpando a sí mismo. No por lo que él enseñó, sino también por lo que enseñaron antes sus colegas en la secundaria y primaria.

BN: - Pero esa palabra se la enseñaron en su casa o en los medios.

EP: - Así hablan en su casa aún en los niveles más distinguidos. El alumno debía traer el lenguaje desde antes. No lo traía por la deficiencia de la enseñanza de la lengua en la primaria y en la secundaria. Se han introducido conocimientos inútiles en esas etapas. Por ejemplo: teoría lingüística y de gramática fuera de control, cuando en realidad hay que hacer un equilibrio, como ya estaba en los programas argentinos que fueron excelentes. En ellos se ponía en primer lugar la lectura, la exposición oral y la recitación, y luego los elementos de gramática para penetrar mejor en esos tres aspectos fundamentales. La gramática venía como un apoyo posterior a la adquisición de lecturas en alta voz, redacción, recitación.

BN: - ¿A usted no la entristece cuando lee un diario y ve que se presentaron 600 alumnos para ingresar a la facultad de astronomía, y no pasó ni uno?

EP: - Sí, me entristece... Pero hay varias cosas en el medio: una desarticulación entre las enseñanzas previas y las que se dan en la universidad. Al alumno en la universidad se le exigen conocimientos sobre los cuales no tiene la base de la escuela secundaria, así que ésa es otra gran tarea. Además aprender de memoria tiene ventajas muy grandes, porque se adquieren palabras y conocimientos imborrables. Yo me he encontrado con ex alumnos que me decían que lo único que recordaban de la secundaria o de la primaria era eso de: "*Setenta balcones hay en esta casa...*", el poema de Baldomero Fernández Moreno. Hay comunidades que colocan en un lugar muy alto el valor del conocimiento y de la enseñanza. Ese fenómeno es el que se está produciendo en los Estados Unidos y en las grandes universidades, donde los primeros puestos los obtienen chicos y chicas coreanos, chinos, japoneses, países que le dan al conocimiento una importancia extraordinaria. Países muy viejos que se reencuentran con una antigua verdad. No se puede fundamentar la sociedad sin el respeto por la adquisición del conocimiento y de la ciencia.

BN: - ¿Cuántos años lleva de profesora?

EP: - Muchísimos. Estuve 12 años en la secundaria y 40 en la universidad. Ahora soy profesora emérita, y sigo enseñando a través de artículos y de libros.

BN: - ¡Y llena de ilusión! ¿Me permite que la despida con un poema?

EP: - Me encantaría.

BN: *Una ilusión es luz al fondo del camino,*
es un eco distante de cantos y de risas,
es sentir que se está vivo desafiando la muerte,
es tener en el pecho aroma de caricias.
La ilusión es un halo de figuras danzantes,
es un pequeño tornado de flores amarillas,
es volar por los aires, detenerse en el tiempo,
y llenar de colores brillantes tus mejillas.
Ilusión es llenar tus manos en la fuente,
acoger en tus brazos un mundo de delicias,
es haberte perdido sin perder tu recuerdo,
es llevar muy adentro del alma una semilla.

EP: - Muy bueno. Es la palabra literaria que enaltece las verdades.

BN: - ¿Me da un minuto más de su tiempo?

EP: - Sí, por supuesto.

BN: - Un maestro chino llevaba una vida muy sencilla en una pequeña cabaña al pie de la montaña. Una noche estando fuera el maestro, llegó un ladrón y se llevó un chasco al descubrir que no había nada que robar. Cuando regresó, el maestro sorprendió al ladrón y le dijo: *"Te has tomado muchas molestias para venir a visitarme, no deberías irte con las manos vacías, por favor, llévate como regalo mis vestidos y mi manta".* Completamente desconcertado el ladrón tomó las ropas

y huyó. Entonces el maestro se sentó desnudo y se puso a mirar la luna. *"Pobre hombre -pensó para sí mismo-, me hubiera gustado regalarle la maravillosa luz de la luna".*
¡Muchas gracias, doctora!

EP: - Muchas gracias a usted y hasta pronto.

●   ●   ●

III- SOBRE OTRAS NACIONES

Si tienes una biblioteca con jardín,
nada te falta
Cicerón

BERNARDO NEUSTADT DIALOGA CON
ALICIA JURADO*
(2004)

BN: - Voy a tener el gusto de hablar con una señora académica, a la que siempre admiré por su cabeza, sus pensamientos, sus pelos blancos, su inteligencia: Alicia Jurado. Y le cuento que estoy con Hamlet y una gran duda: pagar o no pagar. Me gustaría que me hiciera una descripción de este momento de la Argentina que usted transpiró, sufrió, luchó. ¿Cómo nos ve hoy en este túnel del tiempo?

AJ: - Mire yo lo veo muy mal al momento actual, pero usted tome en cuenta que voy a cumplir 82 años en el mes de mayo, así que he vivido un país completamente diferente. Cuando yo era chica era otra la educación, la seguridad, el país. No tenía nada que ver. Nosotros íbamos al colegio, había una disciplina tremenda y aprendíamos muchísimo. En cambio ahora los chicos no saben nada de nada. Yo me acuerdo que en la primaria salíamos sabiendo toda la gramática, porque no nos perdonaban un acento. Ahora resulta que los chicos hacen lo que se les da la gana, y se ha llegado a extremos tales como que lleven armas a la escuela, o que maten a los compañeros, o que agredan a las maestras. Eran cosas impensables en mi época. En el secundario, yo iba al Liceo Nacional de Señoritas. Ahora es mixto y mejor no mirarles la facha que tienen porque parece que hubieran dormido bajo el puente toda la noche. Había amonestaciones por la menor falta, después suspensiones. Ahora no se castiga nada. Ni a los chicos en el colegio se les puede decir nada, ni a los delincuentes se les castiga como corresponde, sino que andan sueltos por ahí, repitiendo sus fechorías. En fin, qué quiere que le diga. Es un país que ha cambiado tremendamente y para peor.

BN: - ¿Por qué pasó eso señora Alicia Jurado?

AJ: - Mire, yo le puedo decir que todo se descompuso desde la época de Perón. Porque él inició la corrupción que luego se difundió a las capas inferiores. Él inició también la destrucción económica del país con un gobierno absolutamente desacertado y ahora resulta que lo tienen por héroe.

BN: - Pero había una parte que no era peronista, que odiaba a Perón, que bombardeó la Plaza de Mayo y un día llegó al poder. ¿Por qué no lo cambió?

AJ: - No sé por qué no lo cambió. Yo creo que la promesa de Aramburu de llamar a elecciones, promesa que desgraciadamente cumplió, impidió que fuera destruido el peronismo, y ahora estamos en pleno auge del peronismo, gobernados por peronistas, por la rama terrorista que es la peor: la de los montoneros.

BN: - Volviendo al tema de la educación... Yo pertenezco a una generación que le rindió pleitesía a sus padres, por respeto y por miedo. Hoy tenemos padres que le tienen miedo a sus hijos.

AJ: - Sí. Eso es probablemente el origen de la situación en las escuelas. En las familias tampoco hay disciplina.

BN: - La palabra educación es formación, conducta. ¿No tendrían que darla los padres en lugar de los maestros?

AJ: - Yo creo que los dos.

BN: - ¿El maestro da información y el padre formación?

AJ: - En principio podría ser así, pero el maestro tiene que formar también.

BN: - ¿Usted es académica de la Academia Nacional de Educación?

AJ: - No, de la de Letras.

BN: - Ustedes tienen ahí un presidente que es una maravilla...

AJ: - Sí, es cierto.

BN: - ¿Se reúnen para conversar?

AJ: - Dos veces al mes.

BN:- ¿Son convocados por algún Gobernador, Ministro de Educación o Presidente?

AJ: - No, eso es muy raro. Una sola vez nos visitó un Presidente hace bastante tiempo, fue De La Rúa.

BN: - Mejor no hablar. ¿Usted es abogada?

AJ: - No. Yo hice el doctorado en ciencias naturales, algo que no tiene nada que ver con lo que hago ahora. Mi idea era ser naturalista. Pero no puedo arrepentirme de haber estudiado ciencias porque dan una formación muy importante para la vida.

BN: - ¿Por qué?

AJ: - Porque es una manera de mirar el mundo completamente diferente a como lo mira quien que estudia humanidades. Entonces una cosa se complementa con la otra.

BN: - Pero la naturaleza es más sabia que la humanidad ¿no?

AJ: - En muchos aspectos sí.

BN: - El hombre ¿por qué está alterando la naturaleza? ¿Le tiene fastidio?

AJ: - Yo creo que el problema del hombre es el exceso de población. Al ser demasiados estamos depredando el Planeta.

BN: - Eso no lo puede evitar. Se está trabajando para que cada vez vivamos más años...

AJ: - Es cierto. Se está impidiendo la reproducción exagerada de la gente con toda clase de leyes.

BN: - ¿Alguna vez participó de algún gobierno?

AJ: - No, nunca.

BN: - ¿Nunca la convocaron?

AJ: - Nunca me convocaron porque como no pertenezco ni a la farándula, ni a la política, ni tampoco al deporte, que son las cosas interesantes hoy día, no me recuerdan para nada.

BN: - ¿Usted viajó por el mundo no?

AJ: - Tuve esa pequeña ventaja de haber viajado muchísimo, sobre todo por Europa y los Estados Unidos.

BN: - ¿A Oriente fue?

AJ: - Sí, fui.

BN: - ¿Qué le pareció? ¿Por qué ellos pudieron hacer un mundo y nosotros no?

AJ: - Y..., serán más disciplinados y tendrán otro estilo de vida o de educación.

BN: - ¿Usted ve mucha televisión?

AJ: - No tengo.

BN: - ¡Qué sana está! A mí la televisión basura me enferma. Fíjese que fue un invento del ser humano para mejorar la calidad de vida y ha desmejorado la educación. Se ha transformado en la anticultura.

AJ: - El poco tiempo que me queda lo tengo que utilizar para leer. Cuando yo era chica no había televisión, de manera que sólo había libros. Yo comencé a leer cuando me enseñó mi madre, a los 4 años, y no paré desde entonces.

•   •   •

La inspiración existe, pero tiene
que encontrarte trabajando.
Pablo Picasso

BERNARDO NEUSTADT DIALOGA CON
EVGENY ASTAKHOV*
EL 1 DE JULIO DE 2004

BN: - Les presento al señor Embajador de Rusia en la Argentina. Lleva cuatro años en nuestro país tratando de conocernos. Además de Embajador, es poeta y su esposa, pintora. Ella pinta y él escribe poesías. Y, enloquecido por algunos países que salen de zonas oscuras y empiezan a encontrar la luz, le pregunto: ¿cómo son ustedes, los rusos?, ¿cómo pueden pasar del Zar al comunismo, del comunismo a una democracia y seguir teniendo los mejores bailarines clásicos, la mejor música, poetas, los mejores atletas que hacen gimnasia artística...

EA: - Bueno, le agradezco primero que hablemos sobre política. Intentando contestar su pregunta, yo pienso que nuestro pueblo, a veces me da la impresión de que somos una especie de laboratorio mundial, para todo tipo de experimentos...Usted mencionó el período del imperio romano, el comunismo, la época actual. Esos cambios no son fáciles. Por un lado expresan, yo diría, el extremismo del pueblo ruso... Somos muy soñadores y al mismo tiempo muy extremistas. Queríamos soñar sobre un futuro mejor y no teníamos ninguna paciencia para hacerlo, para esperar el mejor desenlace para nosotros y por eso los cambios son bastante traumáticos. No pasan así a la ligera y se ve. Por ejemplo hoy, ¿qué tenemos hoy en Rusia? Hoy tenemos la libertad, que es lo más importante para nosotros, para todos, para cada uno. La libertad, como la democracia, siempre tienen su lado positivo y negativo.

* *Evgeny Astakhov, Embajador Extraordinario y Plenipotenciario de la Federación de Rusia en la República Argentina.*

Es importante saber construir una sociedad soñadora. Pero es muy difícil y todavía tenemos muchos problemas. Si hablamos del período del comunismo, había muchos elementos negativos: había persecuciones, había represiones hacia las iglesias. Pero el pueblo vivía, se enamoraba, se casaba, construía casas, escribía... Pienso que la tierra rusa como tal, como debe ser cualquier tierra en este planeta, tiene algo productivo. Y me refiero a la tierra no solamente en lo que se refiere a los granos u otro tipo de producción agraria. Me refiero a la fuerza esotérica, esa fuerza de energía contenida. Para mí, lo más importante es que nuestra tierra produce científicos, poetas, artistas. Me parece que es el lado más positivo del mundo porque la economía se hace, la política se hace si uno quiere o no, pero lo más lindo en esta vida es saber crear y pensar sobre la necesidad de crear. De otra forma, no tiene ningún sentido nuestra vida. El pueblo nuestro no puede estar satisfecho solamente con las cosas materiales. Yo le digo francamente que nuestro pueblo jamás tendrá un nivel de vida como tienen algunos países de Europa occidental...

BN: - ¿Usted me está diciendo que el pueblo ruso jamás sería un pueblo consumista?

EA: - No. Pienso que no. Una parte del pueblo sí, puede ser porque es inevitable, no somos todos iguales, nunca seremos iguales. Pero me parece que lo característico del pueblo ruso, es que siempre buscamos más respuestas para las preguntas sobre la existencia humana. Muchos científicos rusos, por transformaciones sociales, por bajos salarios, emigraron a otros países, por ejemplo en Méjico tenemos casi 800 científicos rusos, en los EEUU, por lo menos 100.000. Y allí ganan mucho mejor. Pero muchos más se quedaron en Rusia. Y se quedaron a pesar de los bajos sueldos, a pesar de las condiciones modestas de las viviendas porque no saben vivir sin su propia tierra...

BN: - Claro..., la tierra.

EA: - No quieren vivir sin su tierra, no quieren vivir sin su propia atmósfera de creación, sin sus camaraderías, sus tradiciones, sus principios.

BN: - ¡Ya no necesitan escapar!

EA: - ¡Exactamente! Claro que todos quieren tener mejores sueldos... pero, para mucha gente no es lo fundamental.

BN: - Pareciera que corren tiempos, como decía un gran poeta italiano, en que los que saben escribir, ¡no tienen nada que decir!; y los que tienen algo que decir, ¡no saben escribir!

EA: - Le agradezco este comentario. Por ejemplo en Rusia en general, se considera que poeta, es mucho más que una persona que solamente escribe y publica sus obras. Poeta es una persona que intenta buscar algo, dar su mensaje, el mensaje de su alma. Un poeta en Moscú, puede retener durante dos o tres horas a un público de mil personas y nadie se aburre.

BN: - ¿Con un recital de poesías?

EA: - Poesías durante tres horas... solamente un poeta y...

BN: - ¿A qué hora sale el primer avión para Rusia?

EA: (risas) - Bueno, ahora todas las líneas salen. Y, además quiero decir lo siguiente: me parece que, hablando de la tierra, yo estuve en Siberia y visité una ciudad de científicos. Una ciudad sólo para los científicos.

BN: - ¿En Rusia?

EA: - Sí.

BN: - ¿Cuántas personas?

EA: - Más o menos 45.000 personas y la mitad de ellos miembros de la Academia de Ciencias Fundamentales. Ellos crean cada día descubrimientos. Todos los días hay descubrimientos de mucha importancia...

BN: - Los hombres mayores, ¿hablan de Stalin o de Gorbachov?

EA: - ¿Sabe qué pasa? Es también un fenómeno universal. Todos los hombres mayores hablan del pasado... no sé por qué... Yo diría que por lo menos el 60% de la población actual en Rusia no quiere el pasado. No quiere ningún regreso. Solamente hacia delante, a pesar de todas las dificultades.

BN: - Embajador, no sabe cuánto le agradezco...lo que me ha servido.

EA: - Le agradezco también, pero quiero subrayar una cosa: yo estoy terminando mi cuarto año y puedo confesar que me siento enamorado de la Argentina y no es una expresión diplomática. Francamente, antes del programa yo escuché algunas melodías de tango y, ¡me encanta todo! El tango, la música, la gente, la vida, las cafeterías con esas señoras arregladas que toman café o té y pasan horas mirando periódicos y hablando entre ellas. Me encanta todo ese glamour argentino. Pienso que Argentina no solamente tiene el futuro, tiene el presente y tiene que ir adelante. Me parece que este país tiene todo: la tierra, riquezas naturales y excelente nivel intelectual... ¡adelante!

BN: - No se vaya a enojar pero eso siempre me lo dijo mi abuelo, cuando yo era chico, y siempre soñé que no me mentía... ¡Gracias!

EA: - Gracias a usted.

• • •

*La libertad no es fruto que crezca en todos los climas
y por ello, no está al alcance de todos los pueblos.*

Jean Jacques Rousseau

BERNARDO NEUSTADT DIALOGA CON
SHARYN MINAHAN*
EL 15 DE JULIO DE 2004

BN: - Esta señora es la Embajadora de Australia en la Argentina. Sharyn Minahan, tengo un motivo para haberla invitado: quiero saber cómo hicieron ustedes, los australianos, para pertenecer a un Estado que actualmente figura como cuarto país competitivo en el mundo. Nosotros estamos anteúltimos, por eso quiero saber cómo hicieron... A mí me dijeron una vez que, cuando éramos chiquitos, estábamos por encima de ustedes.

SM: - Sí...

BN: - ¿Forma parte de una sociedad que tiene veinte millones de habitantes?

SM: - Sí, exactamente.

BN: - También me decía que el 98% tiene instalada línea telefónica.

SM: - Sí.

BN: - ¿Y tienen en actividad diez millones de personas?

SM: - Sí.

---

* *Sharyn Minahan, Embajadora de Australia en la República Argentina en el período 2000-2004.*

BN: - Tengo más datos sobre Australia. Tienen trece millones de autos, esto es, un auto y medio por persona. Tienen un 56% de hogares con Internet, 67% de hogares con computadora... ¿Cuánto exportan?

SM: - El año pasado exportamos 147 mil millones de dólares australianos... hay que reducir eso como un 25% para tener la cifra en dólares estadounidenses.

BN: - Nosotros exportamos 40 mil millones...Ustedes son 20 millones... nosotros 36... ¿Cuál es vuestro producto per cápita?

SM: - El producto per cápita es..., depende un poco del tipo de cambio cuando uno lo mide ¿no?, pero alrededor de 27.000 dólares.

BN: - ¿27.000?

SM: - Sí.

BN: - Nosotros tenemos 2.300... ¡No!, envidia no tengo ¿eh? Cuénteme, por favor, cómo hicieron.

SM: - Bueno, no hay ningún misterio. Es una mezcla de lo que nos dio la naturaleza y lo que ha hecho el hombre. Australia es un país con gran riqueza minera y con bastante riqueza agrícola. Todo empezó en el siglo XIX. Creamos riqueza más que nada con la lana y a mediados del siglo XIX se descubrió oro y así empezó la industria minera en Australia. En el siglo XX, a principios de siglo, Argentina era más rica que Australia, porque Argentina es un país más fértil, la agricultura Argentina tenía más dones naturales, pero Australia con la lana, con el trigo, con la carne, se desarrolló mucho y durante el siglo XX también empezamos a usar la tecnología para mejorar el rendimiento agrícola porque no tenemos los suelos tan ricos como en Argentina. Entonces, desde hace un siglo, el hombre ha tenido que utilizar su intelecto, para sacar lo mejor de la tierra...

BN: - El intelecto.

SM: - Sí.

BN: - Quiere decir la inteligencia.

SM: - Sí. Y también en el siglo XX, sobre todo durante la segunda guerra mundial y en las décadas siguientes, la industria se desarrolló bien. Cuando los precios internacionales de los productos agrícolas bajaron, tuvimos un boom en la minería que compensó, así que, en el siglo XX, era siempre adelanto, progreso, estar mejor... En los años '70 y '80 nos dimos cuenta que las políticas económicas del país no iban a asegurar en el futuro el mismo nivel de bienestar y de progreso en nuestra área. Entonces, los sucesivos gobiernos tomaron decisiones y medidas para cambiar la realidad económica del país, para asegurarnos un futuro mejor.

BN: - Y lo lograron.

SM: - Sí. Las cosas van bastante bien para Australia.

BN: - ¿Dónde nace Australia?... ¿los que llegaron eran todos ricos, poderosos?

SM: - No. Australia empezó siendo una cárcel.

BN: - ¿Cómo?

SM: - Los ingleses enviaron prisioneros de Inglaterra a fines del siglo XVIII para colonizar Australia y con ellos vinieron militares para guardarlos. Por supuesto, también algunos administradores. Poco a poco empezaron a venir los ciudadanos libres, para hacer su fortuna en Australia. Eso de mandar a los criminales duró hasta mediados del siglo XIX...

BN: - ¿Hasta mediados del siglo XIX?

SM: - Sí. Además vinieron por su propia cuenta ingleses, irlandeses.

Pero a partir de mediados del Siglo XIX, vinieron de muchos países, sobre todo tuvimos una fuerte inmigración china... en pos del oro, por supuesto. A partir de la segunda guerra mundial hemos tenido grandes campañas de inmigración...Vino gente de casi todos los países de Europa... También del Líbano, de Turquía. Ahora tenemos muchísima inmigración de países asiáticos.

BN: - ¿Asiáticos?

SM: - Sí. Australia es un país muy asiático. No solamente por su ubicación, sino por su población.

BN: - ¿Ustedes tienen petróleo?

SM: - Sí.

BN: - ¿Y gas?

SM: - Sí. Exportamos ambas cosas.

BN: - No tienen cortes de luz.

SM: - No. Puede pasar, por supuesto, pero no por falta de inversión porque viene mucho capital de Estados Unidos, de Inglaterra, de Japón...

BN: - ¿Y por qué van? ¿Qué atractivo ofrecen?

SM: - Australia tiene muchos recursos naturales que atraen inversión. Tiene un sistema político, económico y financiero muy estable...

BN: - ¿Qué es "*estable*"?.

SM: - Que no hay sorpresas desagradables de un día a otro.

BN: - ¡Sorpresas desagradables!... ¡Qué fina es!

Bernardo Neustadt

SM: - Que es previsible. Y, sobre todo, desde los años '80 del siglo pasado, el gobierno promovió muchas reformas que han hecho justamente que el país sea más competitivo. Por ejemplo, reduciendo aranceles para obligar a la industria australiana a competir con la industria mundial... flotando el dólar, haciendo más flexible el mercado de trabajo.

BN: - ¿Ustedes tienen planes "Trabajar"?

SM: - No.

BN: - ¿El Estado interviene mucho? ¿Tienen empresas del Estado?

SM: - No. Es otro cambio importante que pasó a partir de los años ´80...El gobierno se ha ido retirando del mercado. El gobierno pone el marco jurídico, el marco reglamentario y supervisa.

BN: - Controla...

SM: - Controla y proporciona servicios como las escuelas públicas, hospitales públicos...

BN: - Señora Embajadora, el hecho de que ustedes pertenezcan al Commonwealth, ¿no les molesta, no les quita soberanía o libertad?

SM: - No...para nada.

BN: - El hecho que Inglaterra esté por encima, ¿no?

SM: - No, porque Inglaterra no está por encima. Creo que hay mucha confusión sobre el Commonwealth. No es como la Unión Europea. No es como una agrupación económica. El Commonwealth es una herencia histórica y cultural por la cual todos los que eramos en algún momento colonias inglesas, pertenecemos al Commonwealth. Pero no nos da ventajas económicas y sobre todo no implica ninguna intromisión en la política del país, en el Gobierno del país.

BN: - ¿Cómo están con el nivel de desocupación?

SM: - Tenemos alrededor del 5,7%.

BN: - Y la prensa, ¿es libre? ¿La televisión es del Estado o no?

SM: - No...Bueno, hay un canal del Estado.

BN: - ¿Del Estado o del Gobierno?

SM: - Del Estado. En verdad hay dos: uno que es en inglés, y hay otro que es muy interesante, que se llama SPS, que es multicultural y allí hay programas en todos los idiomas del mundo.

BN: - Cultural...

SM: - Bueno, no solamente cultural. Hay noticias, películas. Y la programación es en japonés, francés, español, alemán. Para un país con tanta inmigración y una inmigración tan variada, es un canal muy apreciado. Además de eso hay canales privados. Una cosa interesante es que hay reglas que impiden que la misma empresa tenga a la vez prensa y televisión. La idea es impedir que haya monopolios.

BN: - Claro...

SM: - Y que pueden dominar la opinión.

BN: - Un poder dentro del poder.

SM: - Sí.

BN: - Señora Embajadora, le voy a hacer una pregunta que... perdón pero..., ¿tienen un poquito de corrupción?

SM: - ¡Claro! Cualquier país tiene. Creo que lo bueno, si es que hay algo bueno en la corrupción, que normalmente uno tiene la confianza que si se descubre que la persona es corrupta va a pagar, va a ser castigado. Hemos tenido jefes de la industria australiana en la cárcel, hemos tenido políticos en la cárcel y bueno... Corrupción hay, pero es una cuestión de limitarla, de controlarla y que el público vea que los culpables son castigados.

BN: - ¿Tienen seguridad?

SM: - Seguridad, bastante.

BN: - ¿No hay secuestros?

SM: - No.

BN: - Le preguntaba porque ayer, el Presidente de la Coca Cola Internacional, frente al matrimonio presidencial, se animó a decir: *"Mire...el capital es cobarde"*. Todos lo miraron. El Presidente nuestro lo miró; la Señora de Kirchner lo miró y él insistió: *"Les digo a ustedes que el capital es cobarde...cobardísimo"*. Nadie entendía qué quería decir el Presidente de Coca Cola, que enseguida agregó: *"Por eso, porque es cobarde, el capital necesita seguridad jurídica"*... ¿Ustedes tiene seguridad jurídica?

SM: - Bueno, eso es lo que yo dije al principio sobre la previsibilidad. Creo que es muy importante para la inversión saber cuáles son las reglas del juego. Sobre todo si van a hacer una inversión grande, por ejemplo en minería o algo así, porque se trata de una inversión por 20 a 30 años, que no da resultados enseguida, tienen que esperar hasta que tengan beneficios y no pueden aceptar que las reglas vayan cambiando. Y si tienen que cambiar las reglas, que sea de una manera transparente y en consulta con la industria. Eso es lo que hace el Gobierno de Australia...

BN: - Y un poquito de deuda externa, ¿tampoco tienen?

SM: - Muy poco.

BN: - Cuando tienen una deuda, ¿la pagan?

SM: - Sí.

BN: - No sabe cuánto le agradezco. Nunca se va a dar cuenta del servicio que a la mentalidad argentina le ha ofrecido. Porque cuando le dicen "no vamos a pagar la deuda pública", la gente grita: "¡qué bien!". No estoy buscando comparaciones, que siempre son odiosas... pero necesito ver porqué a un mundo le va bien y a otro le va mal.

SM: - Bueno, hay que poner las cosas en la circunstancia de cada país. Australia nunca ha estado en la situación de Argentina.

BN: - ¿Usted lleva cuatro años acá?

SM: - Sí.

BN: - ¿No puede quedarse cuatro años más?

SM: - Lo siento, no.

BN: - ¿Y si le damos un cargo?

SM: (risas) - Muchas gracias, Bernardo.

•   •   •

La virtud no consiste en abstenerse del vicio,
sino en no desearlo.
George Bernard Shaw

BERNARDO NEUSTADT DIALOGA CON
RAFAEL DI TELLA*
EL 9 DE AGOSTO DE 2004

BN: - Por él, por el padre, por la madre, porque lo conocí de chico, por lo que creció, por lo inteligente que es Rafael Di Tella... ¡Buen día, Rafael!

DT: - Buen día, Bernardo.

BN: - Me levanto todas las mañanas a las 4:15 y, como hace 60 años, pensando que si hago bien un programa de radio, si explico bien las cosas, si soy bastante pensante, meditabundo, tal vez arrime algunas soluciones a los problemas. Cuando lo visité a De Gaulle en su despacho, tenía un cartelito muy simple que decía: "¿Usted es la solución o forma parte del problema?". Entonces, quiero ser la solución, no me quiero angustiar, no quiero tener miedo, quiero soñar pero con sueños heroicos. Claro, encontrar a 960.000 chicos que no van al colegio y a 3.600.000 de chicos que no terminan primer grado, frente a eso, las cosas que nos enseñaste, las cosas que nos contaste el otro día en ese desayuno inolvidable del sábado son utilísimas. Así que gracias por estar otra vez conmigo hoy.

DT: - Al contrario.

---

* *Rafael Di Tella, profesor en la Escuela de Negocios de la Universidad de Harvard.*

BN: - ¿Cómo es esa encuesta sobre si los pobres son pobres porque son vagos o porque tienen mala suerte?

DT: - Es parte de un programa de encuestas que se hace en el mundo para ver las creencias que tiene la gente. La que yo te comentaba es una en particular que le preguntan a una cantidad de gente en los Estados Unidos y en Europa: *"¿Vos crees que los pobres son pobres porque tienen mala suerte o porque son vagos?"*. En los Estados Unidos, el 60% de la gente respondió que los pobres son pobres porque son vagos, no porque no tienen buena suerte. En Europa pasa exactamente lo opuesto. El 60% opina que los pobres son pobres porque tuvieron mala suerte.

BN: - ¿Y en América latina qué te contestarían?

DT: - Varía bastante, pero en general te contestarían que son pobres porque tienen mala suerte. En general tienen una variante, ellos dicen, los pobres están atrapados en la pobreza, no tienen oportunidades de salir y le adjudican muchísimo rol a la corrupción.

BN: - Ahora, esta retórica de acceso al poder, en países pobres, esta retórica populista, ¿los lleva al gobierno?

DT: - En general sí. Uno de los resultados más interesantes es que todo el debate político en Latinoamérica está corrido a la izquierda. Entonces los argumentos basados en que los pobres son pobres porque tienen mala suerte, porque están atrapados en la pobreza, por la corrupción de los dirigentes, cala muy hondo. Y por supuesto que a las políticas populistas o de izquierda les va mejor.

BN: - ¿Por qué en los Estados Unidos tienen una enorme admiración por los ricos y aquí no?

DT: - Ese es un problema gigantesco y entenderlo a mí me excede. A mí me parece que está relacionado con el hecho de que los ricos en Estados Unidos son personas que generan riqueza para el país.

Entonces vos pensás en un rico y pensás en una persona que inventó una empresa tipo Microsoft, o una empresa que genera riquezas para el país y que no tiene nada que ver con el Estado, con los impuestos que nosotros pagamos. Vos pensás en un rico en la Argentina e inmediatamente pensás en empresas que son contratistas del Estado. Yo creo que hay muchos contratistas del Estado que son gente muy honesta, pero son animales muy distintos. Una persona que su gran contribución a la sociedad argentina es que administra mejor el correo o atiende mejor una ruta y te cobra mejor el peaje, por más que esa ganancia y eficiencia puedan ser muy importantes para un país, es muy distinto al animal que es Bill Gates... Eso es lo que me parece que hace que los ricos tengan muchísima mayor influencia en las políticas que se deciden. Por eso en Estados Unidos la tendencia a cobrar impuestos a los ricos está muy restringida. Vos decís en una campaña: quiero cobrarle impuestos a Bill Gates, y la gente te responde: *no me parece bien*.

BN: - Pero, ¿qué gente dice no?

DT: - Los más pobres de todos. Vos le preguntás a un pobre en Estados Unidos si le quiere cobrar impuestos al tipo más rico del mundo y, aparte que no le cuesta nada, él está regalando la plata, él en su fundación está regalando billones, así que no va a dejar de invertir. Vos le decís a un pobre: ¿querés cobrarle impuestos a Bill Gates?, y te va a decir no, no le quiero cobrar impuestos, es un tipo fantástico, yo lo adoro. Yo quiero ser como él. Vos le preguntás a un pobre en Argentina, ¿le querés cobrar impuestos a Macri?, y la gente te dice: *por supuesto*.

BN: - ¿Eso tendrá que ver porque a lo mejor Franco Macri hizo su fortuna vendiéndole al Estado a veces mal y a veces caro? ¿O es lo que vos llamas ilegitimidad de la riqueza?

DT: - Claro. No es que esté haciendo un programa de denuncia, no tengo ninguna información sobre eso, pero la percepción del público es que la riqueza está originada en la patria contratista. Cuando vos ves quiénes son los nuevos ricos de la Argentina, están muy cerca del Estado. También hay una percepción de que todos los políticos son corruptos, entonces el pensamiento de la gente es que son todos corruptos y que haya empresarios que le venden a todos los corruptos es nefasto, sobre todo para ideas que son de derecha. El problema que hay con las ideas de derecha es que están totalmente censuradas y no hay un debate razonable. Las ideas de izquierda se complementan mucho con las de derecha, porque entonces buscás una solución. Pero te lo estoy diciendo yo, que soy medio progre. No es que me gusten las ideas de derecha en sí mismas, pero me parecen horribles las ideas de izquierda que son el producto del debate con la ultra izquierda. Entonces las ideas que surgen son pésimas, como me parece que pasa en la Argentina.

BN: - Nos está faltando una clase que es importante para construir una sociedad en serio porque los empresarios argentinos son, de algún modo, empresarios de la revista Caras. Hay que ser serios...

DT: - ¡Claro! Necesitamos empresarios que se paren y digan que no son ricos, sino riquísimos. Y que pregunten qué problema hay si han hecho toda la plata en forma legítima. Esa actitud es lo que está faltando. Porque apenas empiezan a hablar, los empresarios empiezan a mirar para los costados y eso es un drama, porque le deja el centro de la discusión a gente que la termina sesgando hacia un programa que es, no de izquierda, sino de una especie de ultra izquierda que termina siendo paradójicamente hiper regresiva.

BN: - A mí me interesa mucho lo que contás porque de algún modo me extraña que en toda sociedad unos están en contra y otros a favor del capitalismo... En la Argentina, los capitalistas no defienden el capitalismo; tienen como vergüenza, miedo, porque aparentemente lo consideran malo. ¿Cómo no vas a defender una convicción?

DT: - Sí. A mí me parece que es un problema extraordinariamente grave para la derecha y también para la izquierda. Mi argumento para mis amigos "*progre*" es que eso es un drama para nosotros, porque terminamos el progresismo diciendo estupideces y diciendo cosas que son increíblemente anti-pobres y nadie nos desenmascara.

BN: - Y la idiotez no tiene ni derecha ni izquierda. Ahora, contá ese test sobre que vos le das un dólar a alguien y lo tienen que repartir entre dos. Por favor, Rafael, explicale a la sociedad que te está escuchando tu trayectoria, para que sepan donde estás y de dónde venís.

DT: - Hago una cosa que se llama Economía y Psicología. Estoy trabajando en Estados Unidos. Estoy en Harvard hace 7 años. Hago investigación en temas de corrupción, en temas de psicología y economía y en temas de macro economía en general.

BN: - ¿Dónde estudiaste en tu primera juventud?

DT: - Mi primer título lo obtuve en la Universidad de Buenos Aires y después hice el doctorado en Oxford, Inglaterra. Después vine acá, trabajé un año en el Ministerio de Economía y en la Mediterránea y después me fui.

BN: - ¿Aprendiste algo en el Ministerio de Economía?

DT: - Aprendí que sabía muy poco.

BN: - ¿Pero sabías muy poco de los manejos o de teoría?

DT: - Sabía mucho de teoría, pero no sabía si lo entendía bien. Entonces es medio raro, la gente dice: "*la devaluación es muy buena*". Vos sabés que la devaluación es dólar alto, con salario bajo, y la gente eso lo empuja a lo loco.

BN: - ¿Qué será? ¿Una desinformación de la sociedad?, ¿es poco culta en materia económica? ¿Seremos deliciosamente ignorantes a pesar de nuestra fama de ser geniales?

DT: - Una cosa que me parece importante es esto que discutíamos antes. La derecha no se presenta en el ring, entonces no hay discusión.

BN: - Es que no hay derecha.

DT: - Le ganan los otros por abandono.

BN: - Le ganan los derechos humanos ajenos a la derecha Argentina que no existe, ¿quién va a ser de derecha en la Argentina? ¿Qué derecha? Si no defienden ni sus derechos. Cambiando de tema, me decías que estudiabas corrupción, ¿no? Contame porque me interesa mucho.

DT: - Con un colega mío hicimos un trabajo sobre si la inflación aumenta la corrupción o no, y por qué mecanismos, cómo funciona, qué es lo que sucede.

BN: - Sabes que sí...

DT: - Bueno, es muy, muy fuerte. Sobre todo cuando la inflación es muy variable porque hace que no puedas comparar precios.

BN: - No. Además la inflación te asesina la moral. Contame un poco, Rafael, ¿por qué en la Argentina le va bien a los políticos que se portan mal, a los ministros que no hacen lo que deben y vuelven al poder o terminan en el poder o los nombran embajadores? ¿Por qué en la Argentina tiene tanto éxito el que no hace las cosas bien? ¿Tenés alguna idea?

DT: - ¡Qué difícil!... No tengo idea. En la política es medio extraño. A mí me parece que en cierto sentido está relacionado con el terrible estado en el que está la Justicia. Nadie cree las acusaciones. Es terrible. Hay muchísimas acusaciones que sirven para fines políticos, obviamente, y después a nadie le interesan. Por ejemplo, el caso Pedro Pou: en ese momento creemos que limpiamos al Presidente del Banco Central porque estamos en contra de que ese cargo y esa persona sean independientes. Año 2001 o cuando sea. Entonces, ¿qué hacemos? Hay independencia en el Banco Central... Pasamos una ley, porque queremos parecernos a los países serios, queremos ser serios. Pasamos la ley de independencia del Banco Central. No podemos echarlo. Entonces, ¿qué hacemos? Lo acusamos de lo primero que se nos cruza, y eso es súper útil porque no lo pudo resistir. Primero lo acusaron no sé de qué fraude, de lavado de dinero, y le dijeron: *como que sigas así te vamos a acusar de cualquier cosa*. Entonces al final le hicieron una especie de payasada, que fue una ignominia para el país y lo echaron. Lo lógico hubiera sido reinstalarlo inmediatamente en cuanto se constató que fue una trampa. ¿Pero qué pasó? Nadie siguió con esas acusaciones porque esas acusaciones eran instrumentales para un programa político...

BN: - Había que echarlo y punto.

DT: - Por supuesto.

BN: - ¡Qué mal para la sociedad que quiere aprender y ve todo esto! Y por último me dijeron que estás estudiando el tema de la felicidad con respecto al crecimiento y la paradoja del crecimiento sin felicidad, ¿cómo es eso?

DT: - Los economistas enfatizan muchísimo que el ingreso es buenísimo y la gente lo único que quiere es ganar plata. Y una cosa interesante que aparece es que hay formas de medir cuán feliz es una persona. Podés medirlo con el estrés que tiene, con preguntas, a través de una cantidad de formas... Y el resultado es que la felicidad permanece estable durante muchísimas décadas mientras que los ingresos aumentaron violentamente. Entonces hay crecimiento económico en los Estados Unidos sin que por ello aumente la felicidad.

BN: - No crecen al mismo tiempo, ¿por qué será?

DT: - Bueno, la pregunta que se hace mucha gente y lo que se contestan es: es por la envidia, la gente lo que quiere es tener más ingresos que el otro, entonces como las posiciones relativas dentro de una sociedad son constantes, básicamente no se puede cambiar eso por construcción, eso tiene que ser siempre estable. A mí me parece que eso tiene muchos problemas porque no es cierto que es todo envidia, hay un componente chico de envidia. Hay otra hipótesis que me parece más atractiva, que es que la gente se adapta a los cambios que tiene la vida. Hay mucha adaptación a los ingresos, a los cambios monetarios, al dominio material... Y muy poca adaptación al tiempo que pasás con tu familia y a los afectos. Entonces, si yo te doy una hora con tu chico, vos lo pasás muy bien, te lo doy mañana y lo volvés a pasar muy bien, no es que vos te adaptás y siempre querés más; sí que querés más, pero de una manera constante y seria. En cambio con los ingresos yo tengo que darte un auto, después un auto grande, después una 4 x 4.

BN: - Rafa, qué lástima que la gente con talento, con inteligencia, con aptitudes terminen todos afuera.

DT: - Sí, es una lástima.

BN: - ¿No te gusta la política?

DT: - Mirá, la política no me gusta tanto, me gusta la política económica, me gusta tratar de entender las decisiones.

BN: - Entonces, ¿me ayudas a entender esto?: la Argentina rompe con el Fondo Monetario Internacional y le sigue pagando. ¿Lo podés entender?

DT: - Es muy difícil. La política de los últimos años es difícil de entender y bastante dolorosa para todos.

BN: - En los últimos 60 años, el país fue gobernado por radicales y peronistas, partidos populares. No cabe duda, vinieron a sacar a los pobres de la pobreza, hicieron populismo, y cada vez hay más pobres, ¿no te llama la atención?

Bernardo Neustadt

DT: - Sí, es un drama. Hay períodos en los cuales la pobreza cae y no sube. Por ejemplo, hay políticas sustitutivas de las importaciones, se cierra el país y no le va tan mal a la pobreza.

BN: - Es lo que quiere hacer Kirchner.

DT: - Esa parte no la estoy comentando, estoy comentando sobre...

BN: - No importa. Si es así, es la política nueva que era vieja. Ya se hizo eso.

DT: - Hay pedazos de políticas intervencionistas donde la pobreza mejora, y es en la primera parte de los '90 que la pobreza mejora. Por supuesto que no se puede decir lo que acabo de decir de los '90.

BN: -¡Te matan!

DT: - Entonces así es como que no se discuten las razones. Obviamente que no es un problema solamente de políticas de izquierdas o de derechas nada más. Es algo mucho más grande. Me parece a mí que el problema que tiene el aumento de la pobreza esta relacionado con la falta de inversión y el cambio de reglas.

BN: - Antes de llegar a los 50 años, contestame esto: ¿por qué Estados Unidos, que tiene 30 años más que nosotros nada más, con 40 millones de negros, 50 millones de hispano parlantes, judíos, árabes, ha llegado a ser un primer país del mundo y nosotros estamos en la cola de la competitividad, del crecimiento? ¿Qué es lo que no hicimos bien?

DT: - Jamás te voy a poder contestar esa pregunta porque es la pregunta del Premio Nobel de Economía. La Argentina es conocida en el mundo como la excepción, nadie puede entenderla. A mí me parece que los que estamos en la Argentina tenemos una pequeñísima ventaja sobre los economistas porque vemos que hay un rol enorme para los cambios de reglas. Acá lo que pasa es que cada 15 minutos cambian las reglas. Yo creo que nos iría muchísimo mejor con un programa "stalinista" de desarrollo; pero màntengámoslo. Acá hacemos "stalinismo", mañana hacemos libre mercado histérico, pasado hacemos a la Venezuela... Es un desastre. Entonces los cambios de reglas son los que generan la falta de inversiones de largo plazo, de compromiso, y eso es lo que destruye el salario de alguna manera.

BN: - ¿Te gusta esta frase?: "Sin el partido Justicialista no se puede gobernar, y con el partido Justicialista gobernando no se puede vivir".

DT: - Y sí...

BN: - ¿No está por ahí la cosa?

DT: - El problema es que no tenés un sistema político que posibilite un debate y la generación de ideas buenas. El partido peronista es hegemónico en 10 dimensiones insoportables. Una de ellas es que es increíblemente autoritario, y el gobierno presente es una nueva expresión del autoritarismo peronista.

BN: - Te mando un abrazo, Rafael.

DT: - Un abrazo, hasta luego.

• • •

Todos vivimos bajo un mismo techo,
pero no tenemos el mismo horizonte.
Konrad Adenauer

BERNARDO NEUSTADT DIALOGA CON
EL DOCTOR MIGUEL ÁNGEL VELLOSO*
EL 18 DE AGOSTO DE 2004

BN: - Miguel Velloso, buenos días.

MV: - Buenos días Bernardo, ¿cómo le va a usted?

BN: - Muy bien. Le agradezco porque estoy tratando de servir desde la radio y la televisión, probando que hay posibilidades de cambiar en el mundo. ¿Cuántos años lleva usted en China?

MV: - Estoy desde Julio del 2000, después de haber sido Ministro en la Embajada en Japón donde me dieron el regalo de preparar una misión presidencial, donde participó el doctor De La Rúa, en julio del 2000, y de abrir este Centro de Promoción que es el único que tenemos en Asia y que se ha instalado en la zona más rica de China que es Shanghai.

BN: - Cuénteme un poco qué pasa allí, qué vio, por favor.

MV: - Llegué con todas las expectativas que puede tener una persona que viene de la Argentina a un país que es inescrutable, comparativamente con todo aquello que conocemos. Estamos en medio de Asia, una civilización completamente distinta. Durante mi carrera estuve en

* Miguel Ángel Velloso, a cargo del Centro de Promoción en Asia.
Fue Ministro de la Embajada en Japón.

los cuatro continentes, y llegar aquí fue un desafío fantástico desde el punto de vista profesional y también personal entrando en una zona no cartesiana, saliendo del mundo racional y entrando en el mundo oriental. Ha sido una experiencia apasionante, y también desde el punto de vista profesional, ya que no teníamos nada y ahora pudimos abrir un Centro de Promoción y generar, a partir de la nada, en un momento en que China se estaba abriendo al mundo, la posibilidad de generar vínculos con una enorme red de contactos y relaciones. Creo que en nuestra carrera sembramos permanentemente, pero pocas veces tenemos la posibilidad de ver los resultados. Vamos acumulando granitos de arena y sabemos que en algún momento las cosas van a fructificar. Acá, por el contrario, yo he visto en muy poco tiempo una explosión de interés, que está motivada por todo lo que se ha dado en términos de complementariedad con la Argentina y lo real es que veo que hemos llegado en el momento preciso, donde se están instalando también los españoles. Había muy pocos consulados, unos 25 y en este momento ya son casi 47.

BN: - Perdón que lo interrumpa. ¿por qué no me da más datos sobre qué pasa en China, qué es lo que va creciendo, la gente, los edificios, la vida, qué es lo que está pasando ahí?

MV: - En cierto modo está creciendo absolutamente todo. Es la primera vez que China se abre al mundo, por supuesto que gradualmente... No nos olvidemos que es un quinto de la humanidad. Y están consolidados a través de una dinámica de zonas de desarrollo y de una expansión progresiva de bienestar del Este para recibir los flujos de inversiones más grandes del planeta y así se ha instaurado una sociedad moderna, avanzada.

BN: - Por ejemplo, si yo voy a Shanghai, ¿extraño Nueva York?

MV: - Creo que no.

BN: - Ayúdenos como argentino que está en el exterior. ¿Cómo ellos consiguen salir primero de un sistema comunista, donde terminaron con los ricos, pero no pudieron terminar con los pobres? Hoy, un hombre o mujer que trabaja en China, ¿puede tener una vida más o menos normal?

MV: - Si por normalidad nos referimos a lo que nosotros vivimos en Occidente, yo le puedo decir que en el Este se vive muy bien. El PBI de Shanghai es de 5000 dólares, que es superior al nuestro en la Argentina, y el promedio de todo el país, donde viven 1300 millones de habitantes está en 1000 dólares. Pero en Hong Kong están en 22.000 dólares... O sea que usted ve todas estas enormes diferencias, y en realidad el método ha sido un centralismo político planificado en la ejecución de alguna manera federalizada, que está en manos de cada uno de los gobernantes provinciales, que son tecnócratas, formados en las mejores universidades del mundo, en su gran mayoría ingenieros.

BN: - ¿Dijo usted en su gran mayoría ingenieros?

MV: - Yo le podría decir que casi es una condición para formar parte del aparato de gestión el haberse formado como ingenieros.

BN: - ¿Sabe por qué? Porque pueden construir. ¿Se da cuenta? Usted sabe que yo sin querer y sin saber, de burro que soy, hace como 10 años que vengo pregonando: "*ingenieros al poder*", "*ingenieros al poder*". Me preguntan: *¿por qué?* Y, ¡porque construyen! No tenemos que ser una máquina de demolición, tenemos que ser una máquina de construcción. Que curioso que la Argentina solamente tuvo unos meses en el poder a un ingeniero que fue el presidente Justo.

MV: - No lo sabía.

BN: - Y dicen que hizo una presidencia sensacional. Cuénteme un poquito, ¿y China qué está produciendo?

MV: - De todo y muy bien. Creo que es muy bueno también que nos enteremos de que no son exclusivamente productores de juguetes baratos sino que están produciendo aparatos de alta tecnología compitiendo con Alemania, Francia, Estados Unidos, Italia y en sectores de punta. Creo que no hay sector que en estos momentos se les escape en este enorme desarrollo, sencillamente porque los países del primer mundo han decidido colocar sus industrias acá.

BN: - ¡Qué apertura ideológica! Pensar que el capitalismo del mundo va a China a sembrar... ¿Usted pensaba que iba a ocurrir esto cuando era chiquito?

MV: - No. Jamás. Usted sabe que en este momento, según las estadísticas que tengo, hay más de medio millón de empresas extranjeras instaladas acá, con una inversión de más de 500 mil millones de dólares, y que son el gran componente de las exportaciones. Prácticamente entre el 50% y el 60% de las exportaciones son producidas por ellas. El mecanismo es claro: les dan a las provincias las facilidades para que instalen zonas de desarrollo y zonas que tengan alta tecnología con grandes posibilidades, con la condición de que exporten el 60% de su producción y el restante que queda, compite internamente, como si fueran estados distintos entre las distintas provincias.

BN: - Perdón, ¿con quién estoy hablando yo? ¿Cómo se llama usted?

MV: - Embajador Miguel Velloso.

BN: Embajador, perdóneme, porque sabe, cuando usted hablaba de 500 mil millones, digo ¿de qué me está hablando?, ¿de Estados Unidos? No, me está hablando de China. ¿No era un país que despreciaba al capital, donde todos eran iguales? ¿Qué les pasó? ¿Cómo hicieron?

MV: - Creo que en un momento dado cambiaron las consignas y se dieron cuenta que la mejor manera de enriquecerse era abriéndose al mundo. Lo fueron haciendo paulatinamente y lo siguen haciendo. Hay dos líneas políticas que hoy están en ejecución. Una, es ir a instalarse afuera de manera tal que se logre eliminar la intermediación extranjera, incluso de los Chinos de ultramar, que son como 30 millones. Y una segunda alternativa es ir a conquistar su propio Oeste. Ellos tienen desarrollado su Este, pero siguen todavía con 800 millones de campesinos que están no por debajo de la línea de la pobreza, sino un poco mejor. Con este plan de inserción social han incorporado a un montón de gente al sistema económico, expandiendo también su bienestar con capitales chinos. No se olvide que hoy China es el segundo detentador de reservas internacionales. Tienen más de 400 mil millones de dólares guardados en la caja, que son para necesidades estratégicas.

BN: - Perdóneme, ¿usted no está imitando a alguien? ¿No será Nito Artaza?

MV: - No, palabra de honor.

BN: - Le creo. Yo he estado en la transferencia de Hong Kong el día que pasó a manos Chinas otra vez y he visto el trabajo, la riqueza y a las sociedades bien ubicadas. ¡Y pensar que nosotros fuimos un país que le dimos de comer al mundo! Yo tuve una entrevista con el General Franco, a solas, y me dijo: *"No sabe cuánto le agradezco a la Argentina, que nos mató el hambre"*. Y hoy, según las estadísticas argentinas tenemos 20 millones de argentinos con hambre. ¿Se da cuenta por qué me asombra lo que usted me dice?

MV: - Acá la metodología no ha sido muy distinta a la de otros países. Son 4000 años de supervivencia de un pueblo agrícola, han sido un ejemplo de todo lo que hace a la agricultura intensiva y lo siguen siendo.

BN: - La educación ¿cómo anda ahí?

MV: - Es obligatoria y enormemente exigente. Además está pasando un fenómeno parecido al de Japón. El nivel es tan grande que ya se ven casos de chicos donde se han registrado suicidios. Acuérdese que estamos en un país donde por el tema de la planificación familiar tienen sólo un hijo. La planificación ha valorizado cuánto le cuesta al Estado mantener a una persona más, que está en el orden de los 14 mil dólares y quien los tiene los paga. A través de los impuestos se puede tener un segundo hijo.

BN: - ¿Me lo puede repetir?

MV: - Tienen planificado el costo del mantenimiento, la asistencia social, la educación, la maternidad, incluso hasta la jubilación. El costo total de mantenimiento de un ser humano en China oscila entre 12 y 14 mil dólares, por lo menos en Shanghai. Quien los tiene, los paga y está habilitado para tener su segundo hijo. Si bien hay una gran presión contraventora, es un pueblo muy disciplinado que respeta la decisión de los líderes porque sabe perfectamente que es lo mejor para ellos.

BN: - Mire qué interesante es lo que dicen: saben que los líderes hacen lo mejor para ellos y lo ven y lo tocan.

MV: - Lo ven, lo tocan, están satisfechos. Uno no ve una protesta social. Tienen sus Organizaciones no Gubernamentales y tienen sus propias líneas internas... Un país que viene creciendo desde hace 20 años a un 9% muestra cotidianamente el avance..., no es un pueblo manso. Si usted tuviera que comparar con Europa: Japón es Suiza con gente muy obediente, ordenada, China es mucho más Italia, porque la gente es pasional, tremendamente afectiva.

BN: - Qué interesante es hablar sobre dónde está el mundo que viene. Solamente quienes no tienen interés por el futuro, hablan del pasado. Una sola pregunta: yo estaba mirando las Olimpíadas y van primeros, tienen como 10 medallas de oro, ¿cómo hacen?

MV: - Es que tienen una disciplina de trabajo y dedicación. China está pasando por otra etapa: al salir al mundo ellos están desarrollando su muestrario. De alguna manera, algunos dicen que Shanghai es un cartón pintado para mostrar al mundo, pero yo no estoy convencido de eso, sino muy por el contrario. Están haciendo algo fantásticamente bien, muy ordenado y es parte también de eso formar una sociedad. Si usted viene por acá, y tiene contacto con carácter oficial, va a ver el nivel de receptividad que tienen hacia su condición de huésped, cómo lo homenajean, cómo es bien servido, lo tratan de la mejor manera posible. Están embelleciendo toda la ciudad para el Shanghai 2010, para el Beijing 2007... Es decir, están mostrándose al mundo como una potencia mansa, pacífica, creativa, sin agresividad. Están avanzando en todos los niveles. Se ve en el teatro, en el deporte, en el ballet. Hay gente con un nivel artístico excepcional.

BN: - Señor Embajador, usted es un hombre de carrera, no ¿Cuántos años lleva en la diplomacia?

MV: - Treinta años. Soy abogado y llevo 30 años en esta Cancillería y estoy muy feliz de ser el intermediario de dos culturas tan fantásticas.

BN: - ¿Observó? Éste es un señor de carrera. Para eso sirve la dirección que forma diplomáticos en la Cancillería. Este es un señor de carrera, es decir, entiende de qué se trata y sirve al país, no se sirve de él.

MV: - Para mí, esto es una parte de la fantástica aventura que debemos vivir todos. Tener la posibilidad de generar una enorme red de relaciones humanas, sociales y culturales entre Argentina y China es algo tan apasionante que justifica la vida de una persona.

BN: - Sobre todo para nosotros. Pero, espere un momentito Señor Embajador, ¿a qué hora hay vuelo a Shanghai? Salgo mañana mismo.

MV: - ¡Voy hasta el aeropuerto y le tiro la alfombra!

BN: - Adiós Embajador. ¡No sabe cuánto le agradezco!

MV: - Muchas gracias.

•   •   •

EPILOGO

Usted acaba de terminar de leer los reportajes. A mí, cada uno me enseñó algo que no sabía.

Es muy difícil aprender en una sociedad que ignora y, en consecuencia, es ignorante.

Conversar con los que saben más que uno y quedarse con sus ideas valiosas es una forma de crecer. Yo crecí.

Es un aporte más para un país que camina en falsa escuadra, cuyas pasiones de hoy son las "demonizaciones" del mañana; que tiene prohibido pensar en el largo plazo; que todo es hoy y ahora; y que practica más la viveza que la inteligencia.

En un país donde padres fundadores dejaron hijos y nietos fundidores.

Un país, cuya riqueza conspira contra su grandeza.

¿Está prohibido soñar con un país mejor?

No inventemos un país "en serio".

Tengamos un país serio.

Para eso dejemos de odiar al éxito, aprendamos a respetarnos y a ser esclavos de la ley .

Bernardo Neustadt